Hanane Jaaba

Portail d'accès aux états financiers des entreprises marocaines

Fatin Chebab
Hanane Jaaba

Portail d'accès aux états financiers des entreprises marocaines

Éditions universitaires européennes

Impressum / Mentions légales

Bibliografische Information der Deutschen Nationalbibliothek: Die Deutsche Nationalbibliothek verzeichnet diese Publikation in der Deutschen Nationalbibliografie; detaillierte bibliografische Daten sind im Internet über http://dnb.d-nb.de abrufbar. Alle in diesem Buch genannten Marken und Produktnamen unterliegen warenzeichen-, marken- oder patentrechtlichem Schutz bzw. sind Warenzeichen oder eingetragene Warenzeichen der jeweiligen Inhaber. Die Wiedergabe von Marken, Produktnamen, Gebrauchsnamen, Handelsnamen, Warenbezeichnungen u.s.w. in diesem Werk berechtigt auch ohne besondere Kennzeichnung nicht zu der Annahme, dass solche Namen im Sinne der Warenzeichen- und Markenschutzgesetzgebung als frei zu betrachten wären und daher von jedermann benutzt werden dürften.

Information bibliographique publiée par la Deutsche Nationalbibliothek: La Deutsche Nationalbibliothek inscrit cette publication à la Deutsche Nationalbibliografie; des données bibliographiques détaillées sont disponibles sur internet à l'adresse http://dnb.d-nb.de.
Toutes marques et noms de produits mentionnés dans ce livre demeurent sous la protection des marques, des marques déposées et des brevets, et sont des marques ou des marques déposées de leurs détenteurs respectifs. L'utilisation des marques, noms de produits, noms communs, noms commerciaux, descriptions de produits, etc, même sans qu'ils soient mentionnés de façon particulière dans ce livre ne signifie en aucune façon que ces noms peuvent être utilisés sans restriction à l'égard de la législation pour la protection des marques et des marques déposées et pourraient donc être utilisés par quiconque.

Coverbild / Photo de couverture: www.ingimage.com

Verlag / Editeur:
Éditions universitaires européennes
ist ein Imprint der / est une marque déposée de
OmniScriptum GmbH & Co. KG
Heinrich-Böcking-Str. 6-8, 66121 Saarbrücken, Deutschland / Allemagne
Email: info@editions-ue.com

Herstellung: siehe letzte Seite /
Impression: voir la dernière page
ISBN: 978-3-8417-9741-4

Dédicace

A mes très chers parents que j'adore et que j'aime énormément, et qui ont fait de moi l'être que je suis devenue.

Ce travail n'aurait pu exister sans vos sacrifices, votre présence, votre amour, votre affection, et votre dévouement, il est le vôtre.

A mon unique petite sœur adorée, chérie qui compte énormément pour moi.

A mon oncle qui nous a quittés trop tôt.

A ma tante préférée que j'adore, source de tendresse.

A ma grand mère paternelle bien aimée, ma source de courage.

A ma grand mère maternelle que je n'ai connue.

A mon grand père paternel disparu sans le connaitre.

A mon grand père maternel adoré.

A mes tantes, à mes cousines, à mes oncles, à mes cousins.

A Essouf, moeta.

A toute ma grande famille.

A toutes mes amies, et tous amis, pour qui je compte.

A tous ceux que j'aime.

Je vous dédie ce travail.

Signée :
Nana, Hanane Jaâba

Dédicace

- À **Dieu** à qui j'adresse mes remerciements par sa grâce infinie pour moi

- À **mes chers parents,**
  Pour votre amour, vos sacrifices, votre patience et votre soutien,
  Pour l'enseignement que vous m'avez transmis…
  En témoignage de mon éternelle reconnaissance.

- À **ma sœur Mariam, mes frères Mohamed & Hamza et ma chère cousine Hajar,**
  En témoignage de mon amour et de ma profonde admiration,
  Que Dieu vous protège et vous prête bonne santé et longue vie.

- À **tous mes oncles & tantes,**
  En témoignage de mon amour, de mon profond respect et de ma reconnaissance.

- À **mes grands parents paternels,**
  Que Dieu vous Protège.
  En témoignage de ma profonde affection.

- À **mes grands parents maternels** qui n'ont pas pu voir ce que je suis devenue,
  Que Dieu vous accorde sa miséricorde.

- À **mes chers cousins et cousines,**

- À **mes collègues de stage** pour les souvenirs qu'on a partagé ensemble,

- À **tous mes amis** que j'aime et qui m'aiment,
  Que Dieu vous bénisse…

Ce mémoire représente l'aboutissement du soutien et des encouragements que ces personnes m'ont prodiguées tout au long de ma scolarité. Qu'elles en soient remerciées par cette trop modeste dédicace.

Fatin
CHEBAB

Remerciements

On tient à remercier dans un premier temps notre encadrant M. **Noureddine EL FADDOULI**, Professeur à l'Ecole Mohammadia d'Ingénieurs, pour les conseils qu'il nous a accordés lors de ce projet. Grâce à sa coordination et sa disponibilité, nous sommes arrivées aux résultats escomptés, sans oublier sa participation au cheminement de ce rapport.

On remercie également tous les membres du jury, notre rapporteur M. **Abdelilah MAACH** et notre président M. **Karim BOUZOUBAA**, de nous avoir honoré d'accepter de juger notre travail.

On tient à remercier tout particulièrement et à témoigner toute notre reconnaissance aux personnes suivantes, pour l'expérience enrichissante et pleine d'intérêt qu'elles nous ont fait vivre durant ces trois mois au sein de l'entreprise où nous avons effectué notre projet :

M. **Mohammed EL RHAZI**, Directeur général de la société et encadrant fonctionnel de notre projet ;

Mme. **Naima LAZAAR**, responsable du département technique et encadrant technique, pour le temps qu'elle nous a consacré tout au long de cette période, sachant répondre à toutes nos interrogations ;

L'ensemble du personnel et plus particulièrement M. **Fatima Zahra DERKAOUI** et M. **Korchi ALAMI**, pour leur accueil sympathique et leur coopération professionnelle tout au long de ces trois mois.

Enfin on remercie tous le corps professoral et administratif de l'Ecole Mohammadia d'Ingénieurs, qu'il trouve ici l'expression d'une profonde reconnaissance.

Résumé :

L'Office Marocain de la Propriété Industrielle et Commerciale (OMPIC) accumule des informations décrivant les états financiers des entreprises marocaines, dans deux bases de données. La première comporte des données sous format 'image' appelée « base image », alors que la seconde base contient les mêmes données sous format texte appelée « base textuelle ».

Pour exploiter ces deux bases de données, SIS Consultants en alliance avec Itissal Technologies ont lancé un grand projet, dans le but de fidéliser sa clientèle et enrichir son portail « Maroc-business.com » par un nouveau service.

Notre projet de fin d'études s'inscrit dans ce cadre. Il consiste en premier lieu à contrôler les accès aux états financiers des entreprises sauvegardés dans la « base image », implémentée à l'OMPIC. En second lieu, il s'intéresse à la « base textuelle » exploitée en local chez SIS. L'exploitation de la « base textuelle » ne sera pas limitée au mode consultation, comme celui adopté dans la « base image », mais elle sera source d'alimentation d'une « base décisionnelle ».

La réalisation de ce travail s'est appuyée sur différents outils de développement et de décision afin d'assurer des interfaces web interactives, rapports synthétiques, …etc.

يتكلف " المكتب المغربي للملكية الصناعية و التجارية " (م م م ص ت) بجمع معلومات تصف الحالة المالية للمقاولات المغربية، في قاعدتين اثنتين للمعطيات. تضم القاعدة الأولى معلومات 'صورية' وتدعى "القاعدة الصورية"، أما الثانية فتضم نفس المعلومات على شكل رقمي و تدعى "القاعدة الرقمية".

لقد نشأ هذا المشروع في " SIS Consultants " بشراكة مع " Itissal Technologies " ، بهدف استغلال هاتين القاعدتين بالمعلومات، وكذلك كسب ثقة زبنائها و اغناء بوابتها " Maroc-business.com" بإضافة خدمة جديدة.

يندرج مشروعنا في هذا الإطار. إذ يهدف في بداية الأمر إلى مراقبة اطلاعات الزبناء على البيانات المالية للمقاولات الموجودة في "القاعدة الصورية" المتواجدة لدى (م م م ص ت). لنتفرغ فيما بعد لدراسة "القاعدة الرقمية" التي سيتم استغلالها محليا في " SIS " . استغلال هاته القاعدة لن يقتصر فقط على نظام الاطلاع كما هو الحال بالنسبة "للقاعدة الصورية"."، بل سيكون أساسا لإنشاء "قاعدة قرارية".

استلزم انجاز هذا العمل أدوات و تقنيات متعددة مكنتنا من انجاز واجهات ويب تجاوبية، تقارير استنباطية، الخ...

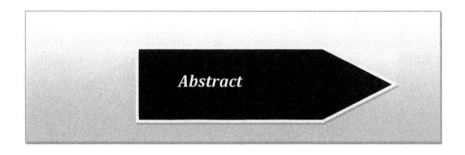

Abstract

The Moroccan Industrial and Commercial Property Office (MICPO) collects informations representing the financial states of Moroccan firms, in two databases. The first one includes data under format 'picture' called « picture base », while the second one contains the same data under format text conscript « textual base ».

In the purpose to exploit those databases, SIS Consultants in alliance with Itissal Technologies launched a new project, aiming to secure the loyalty of his customers and enrich its portal « Maroc-business.com » adding a new service.

Thus, our project of end studies appears in this context. It consists firstly to control access to the financial states of firms saved in the « picture base », implemented in MICPO. Secondly, it concerns the exploitation of the « textual base » installed in SIS. This exploitation will not be restricted to mode « consultation », as in the « picture base», but will be source of feeding of the « decisional base ».

The realization of this work is based on different tools of development and decision to assure interactive web interfaces, synthetic reports…etc.

Liste des abréviations :

Abréviation	Désignation
A.O.	Appel d'offres
API	Application Programming Interface (Application en Programmant l'Interface)
ASP	Active Server Pages (Pages de Serveur Actives)
BD	Base de Données
BDF	Base de Données Financières
CLR	Common Language Runtime (Temps d'exécution de langage commun)
CMMI	Capability Maturity Model Integration (Modèle Intégré du Niveau de Maturité)
CPC	Compte de Produits et Charges
CPS	Cahiers de Prescription Spéciale
ESG	Etat des Soldes de Gestion
ETL	Extract Transform Load (Extracteur Transformateur Chargeur)
FNBTP	Fédération Nationale du Bâtiment et des Travaux Publics
FTP	File Transfer Protocol (Protocole de Transfert de Fichier)
IDE	Integrated Development Environment (Environnement de Développement Intégré)
IIS	Internet Information Services
ISO	International Organization for Standardization (Organisation Internationale de Normalisation)
MDX	Multidimensional Expression (Expression Multidimensionnelle)
OLAP	Online Analytical Processing (Traitement Analytique En ligne)
OMPIC	Office Marocain de la Propriété Industrielle et Commerciale
RC	Registre de Commerce
RCC	Registre Central du Commerce
S.A.R.L	Société marocaine à responsabilité limitée
SA	Société anonyme
SGBDR	Système de Gestion de Bases de Données Relationnel
SIS Consultants	Société d'Ingénierie et de Systèmes Consultants
SOAP	Simple Object Access Protocol (Protocole d'Accès d'Objet Simple)
Transact-SQL	Transact- Structured Query Language (Langage Structuré de Requêtes)

UML	Unified Modeling Language (Langage de Modélisation Unifié)
URL	Uniform Resource Locator (Localisateur Uniforme de Ressource)
VB	Visual Basic
WS	Web Service (Service Web)
XML	Extensible Markup Language (Langage de Balisage Extensible)

Annexe A : contrat de fourniture de la base de données textuelle annuelle sur les informations financières pour rediffuseur.

Annexe B : contrat d'abonnement aux services en ligne de l'OMPIC par Maroc-Télécommerce.

Annexe C : nomenclatures adoptées dans l'actif, l'état de solde des gestions, le compte de produits et charges, et le passif.

Annexe D : carte judiciaire du Maroc.

Annexe E : sécurisation du service web.

Annexe F : règles de gestion.

Annexe G : détails techniques.

Introduction

Dans un contexte économique en permanente évolution, les entreprises se trouvent de plus en plus en risque d'investir sans avoir des informations sûres sur leurs clients ou leurs fournisseurs. La simple réactivité ne suffit plus, l'anticipation est le mot d'ordre et le moyen le plus efficace c'est d'avoir en sa possession les états financiers des autres entreprises.

Dans ce cadre, est né le besoin d'exploiter entièrement les bases de données mises en place par l'Office Marocain de la Propriété Industrielle et Commerciale (OMPIC), décrivant les états financiers des entreprises marocaines. Cette idée est venue pour accompagner le programme de fidélisation des clients de « Maroc-business.com » que SIS Consultants en jonction avec Itissal Technologies a lancé.

Ce projet de fin d'études s'inscrit dans le cadre de concrétisation de cette idée. Pour cela, il faudrait en premier lieu mettre en place un système de contrôle d'accès aux états financiers, géré par un système de tarification et un système d'administration. Et en second lieu, donner naissance à un module décisionnel, régi aussi par les deux derniers systèmes.

Dans ce présent rapport, on commence par présenter le contexte général du projet et les objectifs escomptés ainsi que la méthodologie suivie. Dans le deuxième chapitre, et après une étude de l'existant, on avance des solutions générales. Le troisième chapitre est consacré à l'analyse et la conception du système. Dans le dernier chapitre, on s'intéresse aux choix techniques, et à la réalisation du système découpé en différents modules. On clôture ce rapport, en mettant l'accent sur les points forts de ce projet qui a permis la publication du « *portail d'accès aux états financiers des entreprises marocaines* », ainsi que les perspectives qui y sont liées.

Chapitre 1 :
Contexte et Objectif du projet

On présente dans ce chapitre une description du contexte général de ce projet.

Cette description comporte la présentation de l'organisme d'accueil, en l'occurrence, SIS Consultants en conjonction avec Itissal Technologies ; ainsi que la présentation des différents intervenants, à savoir le portail « Maroc-business.com » pour lequel il faut enrichir les services, l'Office Marocain de la Propriété Industrielle et Commerciale (OMPIC) et Maroc Télécommerce 'le concurrent direct'.

On passe ensuite à une présentation des objectifs visés par ce projet.

Pour finir par exposer la démarche et la méthodologie préconisée.

1.1. Organisme d'accueil:

1.1.1. Présentation SIS Consultants:

Société d'Ingénierie et de Systèmes Consultants (SIS Consultants), est une société marocaine à responsabilité limitée (S.A.R.L) créé en 1985, à Rabat et qui est maintenant présente sur Casablanca, Tanger, Marrakech, et bientôt sur Oujda. Elle compte à ce jour une cinquantaine de salariés permanents.

SIS Consultants conçoit et met en œuvre des solutions à forte valeur ajoutée dans le domaine de conseil et d'ingénierie informatique et télécom, intégration de solution, développement, mise en œuvre et assistance technique ….

Dans une optique de maîtrise de ses compétences, SIS Consultants s'est engagée dans une démarche qualité à travers tout d'abord l'adoption de la norme ISO 9001 -véritable motrice d'efficacité- , et ensuite l'amélioration des compétences collectives des ressources grâce notamment à la mise en place de la certification CMMI.

Et depuis l'an 1993, SIS Consultants a vu naître une nouvelle filiale Itissal Technologies, qui est orientée technologie de l'information et télécommunication.

1.1.2. Organigramme :

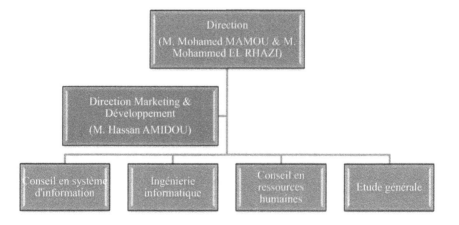

Figure.1.1 : Organigramme SIS Consultants

1.1.3.   Présentation Itissal Technologies :

Itissal Technologies, société anonyme (SA) avec conseil d'administration a été fondée par l'un des directeurs de SIS Consultants M. Mohammed EL RHAZI, suite à une idée de collecte, d'exploitation et de commercialisation des appels d'offres (A.O.).

Itissal Technologies, se voit maintenant intervenir dans le domaine :

- Conseil en stratégie informatique & télécom, schémas directeurs ;
- Conception, organisation et réalisation des systèmes informatiques ;
- Audit des systèmes, audit technique et organisationnel, sécurité & réseaux ;
- Architecture et développement des systèmes d'information ;
- Assistance à maîtrise d'ouvrage ;
- Informatique décisionnelle ;
- Accompagnement de projets informatiques, assistance, réalisation ;
- Conseil dans la sélection et la mise en place de solutions informatiques ;
- Gestion des projets de migration de systèmes ;
- Intégration de systèmes en haute technologie ;
- Technologie Internet ;
- Etude de définition et élaboration de cahier des charges.

1.1.4.   Historique d'Itissal Technologies :

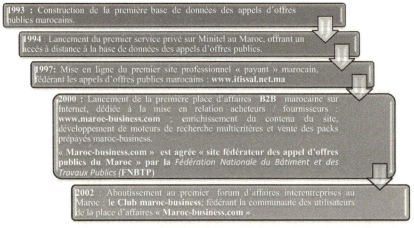

Figure.1.2 : Historique Itissal Technologies

1.2.   Différents intervenants dans le projet :

1.2.1. Présentation de « Maroc-business.com » (Itissal.ma):

« Maroc-business.com » constitue, la première place d'affaires marocaines sur Internet dédiée exclusivement aux entreprises. En permettant la rencontre «virtuelle» entre les entreprises publiques ou privées souhaitant acheter des biens & services (acheteurs) d'une part, et celles qui cherchent à vendre leurs marchandises & prestations (fournisseurs) d'autre part.

1.2.1.1.   Activités de « Maroc-business.com »:

✓ **Annoncer des appels d'offres :** une entreprise du secteur privé ou un organisme du secteur public ou semi-public, a la possibilité de passer ses intentions d'achats (appels à la concurrence / appels d'offres) directement sur Internet à travers ce site.

✓ **Consulter les appels d'offre :** ce module est payant dans le cadre d'un abonnement annuel qui se fait par l'achat d'une carte prépayée.

L'information relative aux avis d'appels d'offre est traitée en temps réel et de façon exhaustive (totalité des appels d'offres publics). Dans un souci de « lisibilité » pour les professionnels des différents secteurs qui ont recours à ses services, **maroc-business** a adopté une classification d'activité unique au Maroc, regroupant plus de 60 classes d'activités.

Afin de réduire au minimum le temps de consultation de l'abonné et d'automatiser sa recherche en fonction de son profil utilisateur défini au départ, le portail offre la possibilité d'effectuer une recherche multicritère par :

↳ Classe d'activité : possibilité de combiner jusqu'à 4 classes d'activités;

↳ Mot Clé : possibilité de combiner jusqu'à 3 mots clés[voir Glossaire] ;

↳ Organisme : sélection les appels d'offres par organisme[voir Glossaire] ;

↳ Date limite : définitiond'une fourchette de recherche sur la base des dates limites de dépôt de dossier ;

↳ Date de parution : définitiond'une fourchette de recherche sur la base de la date de parution de l'avis d'appel d'offres ;

↳ Ville/Région : possibilité de combiner jusqu'à 3 villes/Régions[voir Glossaire] ;

Une fois le paramétrage de la recherche effectué, le résultat s'affiche sous forme d'une liste d'appels d'offres comprenant le nombre d'avis d'appels d'offres concernés avec comme informations affichées : le N° d'ordre de l'A.O., la caution, la date limite, l'objet de l'appel d'offres, l'organisme qui a lancé l'A.O. et le sous organisme. Sur la base de ces informations l'abonné commence sa sélection des appels d'offres qui l'intéressent pour les consulter en détail.

L'abonné bénéficie d'un service d'alerte, qui lui permet de recevoir directement sur sa boite mail un message d'alerte l'informant, sur la parution de nouveaux appels d'offres publics le concernant selon son profil.

1.2.1.2.   Services de « Maroc-business.com » :

Appels d'offres internationaux des pays du Maghreb et de la région francophone et / ou arabophone : accès direct des clients aux appels d'offres lancés par ces pays;

Les résultats des appels d'offres : récupération et mis en ligne d'une sélection des résultats des adjudications des appels d'offres publics des principaux organismes annonceurs;

Le téléchargement des CPS : récupération et mis en ligne de certains Cahiers de Prescription Spéciale (CPS) des appels d'offres publics des principaux organismes annonceurs, afin de permettre aux clients de prendre connaissance du contenu du CPS d'un appel d'offres public avant de décider de l'acquérir ;

Opportunités d'affaires : exploration de toutes les pistes d'une opportunité d'affaires (partenariat commercial, mise en relation, déstockage, liquidation, etc.) pour décrocher la bonne affaire et mise à la disposition des clients un outil efficace, rapide et de qualité ;

Vente aux enchères publiques du Maroc : le client dispose de la totalité des annonces relatives aux ventes aux enchères publiques avec mise à jour quotidienne et une classification multicritère ;

Appels d'offres prévisionnels : permet aux abonnés d'anticiper la demande actuelle et de mieux se préparer par rapport aux marchés publics des mois prochains ;

Annuaire fournisseurs : référencement des fournisseurs de produits & services, augmentant ainsi, leurs occasions de contact et diminuant de façon considérable leurs coûts de prospection ;

Autres services professionnels : l'abonné dispose également d'une multitude de services fort intéressants pour la gestion quotidienne de l'entreprise tels que les salons et foires nationales et internationales, les index des prix de révision des marchés publics, le cours et statistiques des devises, la réglementation des marchés etc.…

1.2.1.3. Les packs «Maroc-business.com»:

Afin de faciliter la disponibilité et la prise en main de son service par les utilisateurs actuels et potentiels, **Maroc-business** l'a « matérialisé » sous forme d'un pack.

Ce pack, disponible auprès du conseiller **maroc-business**, comprend :

Une carte prépayée : comprend un numéro de série et un code d'accès confidentiel permettant l'activation en ligne du service à partir du site « maroc-business.com ». La carte, permet également de bénéficier des promotions, conditions spéciales et autres avantages réservés aux abonnés ;

Un guide d'utilisation : guide pédagogique destiné à faciliter la prise en main de son service et afin d'aider l'utilisateur à tirer au maximum profit des potentialités et des possibilités de recherche offertes par l'outil ;

Un questionnaire d'accueil : destiné à permettre l'identification des besoins précis du client en termes de domaines de recherche, de classes d'activités, … ;

Un contrat: comporte les clauses et modalités relatives à la formule d'abonnement choisie par le client.

1.2.1.4. Autres services « Maroc-business.com » :

L'offre de Communication «NET PUB» : permet aux chefs d'entreprises de communiquer, vendre, prospecter et promouvoir leurs images et leurs produits. Et ceci allant de l'insertion publicitaire de leurs bannières et/ou logos, passant par le sponsoring des services maroc-business (Web et Alerte) jusqu'à la diffusion de messages spécifiques par Pop Up et/ou Email.

La Formation :

①Formation sur les appels d'offres publics ou un thème précis au niveau des appels d'offres ;
②Formation sur le Management et sur la bureautique.

1.2.2. Présentation de l'OMPIC :

L'Office Marocain de la Propriété Industrielle et Commerciale (OMPIC) est un établissement public autofinancé. Ilest sous tutelle du Ministère de l'Industrie, du Commerce et de la Mise à niveau de l'Economie.

Il assure deux fonctions principales :

✓ L'OMPIC enregistre les noms commerciaux de sociétés : il tient le Registre Central du Commerce (RCC), sur lequel sont inscrits les noms commerciaux des sociétés ayant des activités sur le territoire national, ainsi il est tenu de :

   ↳ Enregistrer les noms commerciaux ;

   ↳ Délivrer tous documents officiels (procès verbaux, certificats, extraits, etc..) ;

   ↳ Effectuer des recherches de renseignements sur le Registre Central du Commerce ;

   ↳ Publier les recueils annuels et sectoriels des immatriculations au Registre Central du Commerce.

✓ L'OMPIC enregistre les titres de propriété industrielle et commerciale : il tient les registres nationaux des trois titres principaux de propriété industrielle qui sont les marques de fabrique, de commerce ou de service, les brevets d'invention, et les dessins ou modèles industriels, ainsi il est tenu de:

   ↳ Assurer la réception des demandes et l'enregistrement des titres de propriété industrielle et commerciale ;

   ↳ Enregistrer les opérations postérieures à l'enregistrement (cession, radiation, fin de droits…) ;

   ↳ Délivrer tous documents officiels en relation avec ces titres (procès-verbaux, certificats, copies, etc.) ;

   ↳ Effectuer des recherches d'antériorité ;

   ↳ Fournir une assistance juridique aux autorités compétentes et offrir des services d'accompagnement aux opérateurs économiques dans le domaine de la propriété industrielle ;

   ↳ Prendre en charge la diffusion de l'information, en publiant les catalogues officiels des marques, brevets d'invention et dessins ou modèles industriels, ainsi qu'une newsletter trimestrielle des guides, des informations, et des statistiques disponibles sur Internet.

En plus de ces fonctions, l'OMPIC regroupe et organise un ensemble d'information au sein de bases de données qui sont :

🖎 Les bases de données des personnes physiques et des personnes morales (entreprises) inscrites au Registre Central du Commerce. Ces bases contiennent les informations issues des déclarations légales de création d'entreprise et de modification post-enregistrement ;

🖎 Deux bases de données financières de plus de 47 000 entreprises marocaines, issues des états de synthèses déposés au Registre Central du Commerce. Elles contiennent les données structurées du bilan (actif et passif), du compte de produits et charges (CPC), et de l'état des soldes de gestion (ESG). La première base de données, appelée BD « image », contient des documents scannés (Bilan, CPC, ESG) (format tiff). La deuxième BD, appelée BD « textuelle », contient les mêmes documents saisis (format texte).

En effet, après la clôture des exercices comptables en fin de Décembre, les entreprises sont amenées à déposer leurs états financiers auprès du tribunal de commerce dans les trois mois qui suivent. Et ce n'est qu'à partir du mois de Juillet que l'OMPIC reçoit les états financiers de ces différentes entreprises, les scanne pour donner lieu à la base de données « image », et ensuite les saisit manuellement pour donner lieu à la base de données «textuelle ».

La base de données financière [BDF] (image et textuelle) sera utilisée dans le cadre de ce PFE. Les clauses de son exploitation sont détaillées dans l'annexe.

1.2.3. Présentation de Maroc Télécommerce :

La société **Maroc Télécommerce**, premier opérateur de Commerce Electronique au Maroc, a été créée à l'initiative de grandes banques de la place et d'une entreprise spécialisée dans le domaine des technologies de l'information.

Elle a pour mission de mettre à la disposition des entreprises une infrastructure technologique sécurisée leur permettant de vendre leurs produits et services sur Internet aussi bien au Maroc que dans le monde entier.

De plus, en partenariat avec de grandes banques de la place, elle propose aux entreprises, ainsi qu'à leurs clients acheteurs, des solutions de paiement en ligne selon des procédés approuvés et utilisés mondialement, et leur portail exploitant la BDF de l'OMPIC.

1.3.   Objectif du projet :

Ce projet est né au sein de l'entreprise SIS Consultants, dans un souci de fidélisation des clients de « **Maroc-business.com** » et d'enrichissement des services qu'elle offre.

L'idée est de mettre en place un portail comme une suite des services de « **Maroc-business.com** », ainsi un client peut y accéder directement ou à partir de ce dernier. Ce portail va gérer des accès prépayés d'une part, aux états financiers des entreprises marocaines issus de la base de données financière, et d'autre part, aux états générés à partir du modèle décisionnel qui va être implémenté.

Le choix de l'adjonction de ce service n'a pas été anodin. En plus du nouveau souffle qu'il va donner à « **Maroc-business.com** », il va permettre de faire connaître une base de données mise en place et gérée par l'OMPIC, très riche en informations financières encore peu connu des décideurs.

Cette base a été jusqu'ici commercialisée par un portail de **Maroc Télécommerce**, mais le nombre d'abonnés et de consultations jusqu'ici n'a pas atteint celui souhaité par l'OMPIC. « **Maroc-business.com** » va permettre d'atteindre le nombre visé qui compte le multiplier au moins par 5 jugeant le volume de ses clients.

Ainsi en plus des services déjà offerts par **Maroc Télécommerce** à savoir la consultation simple de la base image et de la base textuelle, l'implémentation d'un module décisionnel dans « **Maroc-business.com** » va être d'autant plus attractive et profitable pour l'ensemble des décideurs.

1.4. Démarche préconisée :

Pour bien mener ce projet et arriver aux résultats attendus dans le délai souhaité, un planning ou un calendrier des activités a été mis en place au démarrage du PFE, en se basant sur le cycle de développement en W.

Les activités relevées sont comme suit :

Tâche	Nom	Durée	Prédécesseur
1	Analyse des besoins	7 J (5 J avant le démarrage du PFE +2 J de la durée PFE)	
2	Etude de l'existant	4 J	1
3	Proposition d'une solution générale	3 J	2
4	Conception générale	4 J	3
5	Conception détaillée	8 J	4
6	Préparation des maquettes	2 J	5
7	Réalisation du premier module de recherche dans la BD financière et de tarification	15 J	6
8	Test du premier module	1 J	7
9	Réalisation du module décisionnel	15 J	8
10	Test du second module	1 J	9
11	Test d'intégration	1 J	10
12	Intégration	1 J	11
13	Documentation	7 J	
14	Rédaction	7 J	

Tableau.1.1 : Phases du projet

NB : Analyse des besoins :

Depuis le maitre d'œuvre : suite à des réunions régulières avec l'encadrant fonctionnel, les besoins ont été définis, et précisés.

Depuis le maitre d'ouvrage : déplacements à l'OMPIC à Casablanca, où suite aux rencontres avec une responsable informatique les attentes, les contraintes et les exigences ont été définies.

Réalisation du premier module : qui comporte entre autres:

↪ L'authentification (valable pour les deux modules);

↪ L'affichage des services Image et Textuel suite à des requêtes envoyées vers les bases ;

↪ La tarification (qui sera aussi utilisée dans le second module) ;

↪ L'administration et le suivi.

- Analyse des besoins

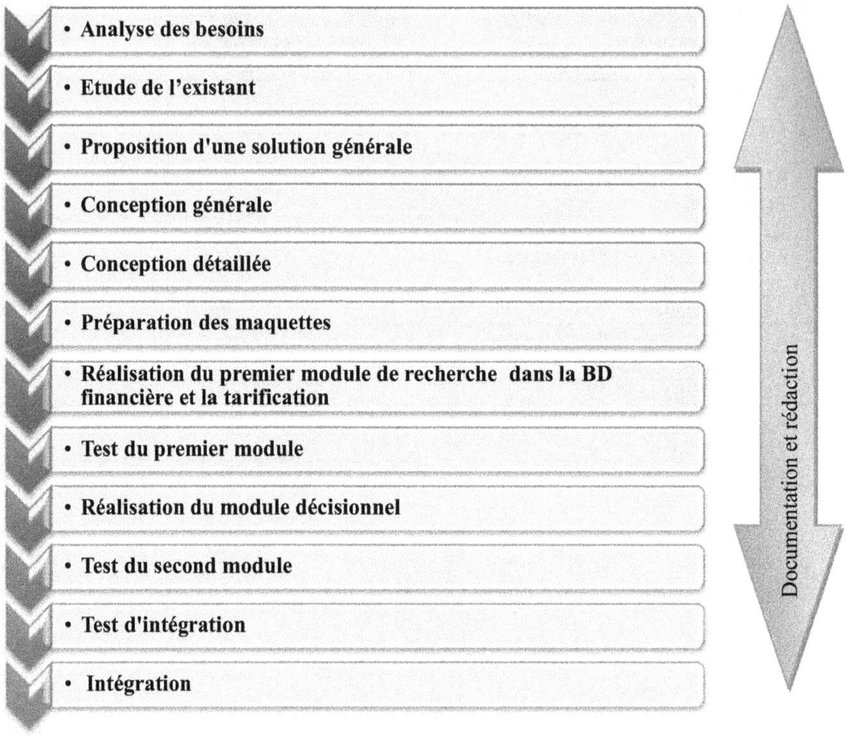

- Etude de l'existant

- Proposition d'une solution générale

- Conception générale

- Conception détaillée

- Préparation des maquettes

- Réalisation du premier module de recherche dans la BD financière et la tarification

- Test du premier module

- Réalisation du module décisionnel

- Test du second module

- Test d'intégration

- Intégration

Documentation et rédaction

Figure.1.3 : Phases du projet

Conclusion :

La mission dans ce PFE, est de mener de bout en bout toutes les phases du projet qui va donner naissance à un nouveau portail, incluant plusieurs modules.

On propose donc de consacrer le chapitre suivant à la suite des trois premières phases du projet : l'analyse des besoins, l'étude de l'existant et la proposition d'une solution générale.

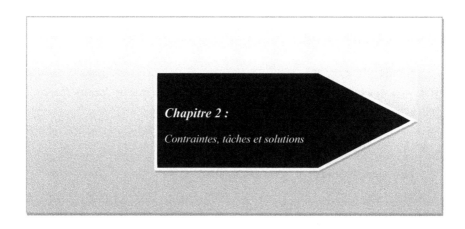

Chapitre 2 :

Contraintes, tâches et solutions

On commence tout d'abord dans ce chapitre par exposer les contraintes imposées sur le projet, ainsi que les tâches à accomplir.

Ensuite, on passe à l'étude de l'existant qui enclave, « Maroc-business.com » le portail qui verra l'adjonction du portail fruit de ce PFE, et le portail de Maroc Télécommerce qui est le concurrent direct.

Pour permettre enfin, d'avancer des solutions aux différents problèmes relevés.

2.1. Contraintes et tâches:

Dans le cadre de ce PFE qui consiste à rajouter un nouveau service (portail à part entière) aux services déjà offerts par **maroc-business** et qui exploite la base de données financière de l'OMPIC, un nombre de contraintes et de tâches a été relevé :

2.1.1. Contraintes :

Les contraintes auxquels ce projet doit se plier sont :

↳ Rester dans l'esprit de la procédure des services offerts par **maroc-business**, en restant le plus proche de la démarche d'abonnement …;

↳ Respecter l'environnement technique adopté par **maroc-business**, en travaillant sur la plateforme Microsoft;

↳ Respecter les clauses de contrat et les contraintes imposées par l'OMPIC, quant à l'exploitation de sa base de données [se référer à l'annexe] :

     ⋙ L'intégration avec le système déjà mis en place quant à l'exploitation de la base de données « image », localisée sur le site de l'OMPIC, avec laquelle il faudra communiquer via des URL[voir Glossaire].

     Cet URLa comme arguments : la raison sociale de l'entreprise, l'exercice et le tribunal de commerce pour accéder aux données ;

     ⋙ Lui délivrer la traçabilité des différents accès à la base de données « image ».

     Ceci permettra d'une part, d'avoir des statistiques sur l'activité de la base, et d'autre part de facturer les prestations[voir les clauses du contrat en annexe] ;

     ⋙ Contrairement à la base de données « image », la base de données « textuelle » sera achetée et exploitée en local.

     Néanmoins, pour le service implémenté en mode consultation simple, il faudra délivrer à l'OMPIC une traçabilité pour les mêmes fins que pour l'autre base. Quant au volet décisionnel il en sera franchi.

2.1.2. Tâches :

Ainsi dans le cadre de ce projet, il faut :

↳ Définir un modèle économique concurrent à celui offert par **Maroc Télécommerce** ;

↳ Mettre en place un module de consultation de la base de données « image » et « textuelle » ;

↳ Mettre en place un système de tarification ;

↳ Mettre en place un module décisionnel :

L'idée d'implémenter une couche décisionnelle est venue du besoin d'exploiter complètement la base de données « textuelle ».Ce nouveau modèle de reporting devrait permettre:

⮞ de sélectionner des données relatives à des champs tels de la BD ;

⮞ de trier, regrouper ou répartir les données selon des critères choisis ;

⮞ de réaliser divers calculs (Chiffres d'affaire, ratios, ...) ;

⮞ de présenter les résultats d'une manière synthétique ou détaillée.

Exemple : Afficher les chiffres d'affaires des entreprises situées dans la région X, durant l'année Y.

↳ Mettre en place un module d'administration qui permet de paramétrer manuellement le compte de chaque utilisateur, ainsi qu'un suivi des activités, etc.

2.2. Etude de l'existant :

2.2.1. Présentation de la solution de Maroc Télécommerce :

Maroc Télécommerce est le premier opérateur ayant l'initiative de proposer une solution pour gérer les accès et les commandes de paiement des services financiers exploitant la base de données financière de l'OMPIC.

En effet, **Maroc Télécommerce** met à la disposition de ses clients un ensemble de services en ligne leur permettant de consulter les différents états financiers des entreprises marocaines à savoir : Bilan, CPC, ESG. Pour ce faire, elle crée pour chaque abonné un compte sécurisé pour l'accès aux services en ligne, garantissant au client le caractère confidentiel de son code d'accès. L'abonné s'engage de son côté, à prendre toutes les mesures nécessaires pour en préserver la confidentialité[voir contrat en annexe].

Une fois l'abonné souhaite consulter l'état d'une entreprise donnée, il s'authentifie, choisit l'un des services offerts (consultation de la base image ou la base textuelle), une requête est envoyée automatiquement vers la base de données des états localisée à l'OMPIC pour vérifier si l'état demandé est disponible ou non. Dans le cas ou le service est fonctionnel, **Maroc Télécommerce** se chargera d'afficher immédiatement son interface de paiement et lancer un système de tarification sur le service demandé. Suite à la validation du reçu de la part du client, le service demandé est affiché. Dans le cas échéant, un message indiquant que le service n'est pas disponible est affiché.

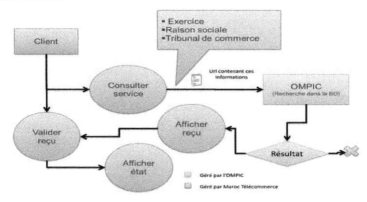

Figure.2.1 : Démarche de consultation adoptée par Maroc Télécommerce

Maroc Télécommerce adopte un modèle économique de prépaiement ouvert basé sur le dirham marocain et attribue à chaque service une tarification particulière dont une partie est versée mensuellement à l'OMPIC. Quant au paiement des services en ligne, il s'effectue conformément aux modalités suivantes :

- Un versement d'une caution : l'abonné doit verser à **Maroc Télécommerce** une caution en fonction de sa consommation prévisionnelle des services ;

 - Une facturation mensuelle : les modalités de facturation et de règlement des sommes dues par le client à **Maroc Télécommerce** sont fixées comme suit :

  ✎ A la fin de chaque mois, **Maroc Télécommerce** édite un état à partir de sa plate forme, indiquant le nombre et le montant total des transactions effectuées par l'abonné. Cet état donnera lieu à une facturation conformément aux tarifs en vigueurs.

  ✎ L'abonné est tenu de régler sa facture dans un délai de 7 jours, dépassé ce délai, le montant de la facture sera déduit de la caution.

NB : Le client pourrait bénéficier de son solde jusqu'à son épuisement.

Maroc Télécommerce a pour tâche d'assurer la sécurité et la célérité des transactions, la gestion des commandes effectuées, la gestion des comptes utilisateurs, le contrôle d'accès ainsi que l'interface de paiement des services commandés en ligne.

2.2.2. Fonctionnement de « Maroc-business.com » :

Le système du site « Maroc-business.com » se compose des modules suivants:

2.2.2.1.   Module de gestion de Service Prépayé :

Le fonctionnement de ce module est comme suit :

 ✎ Les clients rachètent une carte d'abonnement contenant un code lisible après avoir gratté une partie de la carte.

 ✎ Le rachat d'une carte donne droit à un certain nombre d'unités de consultation.

 ✎ Après saisie de ce code, le client choisit un login et un mot de passe, saisit divers informations concernant sa société, l'abonné pourra accéder par la suite aux services offerts par « Maroc-business.com ».

✎ L'abonné a des droits d'accès à un nombre de services codifiés (A.O.publics, A.O. internationaux ...). Suivant son secteur d'activité, l'abonné peut faire des recherches sur les appels d'offres (A.O.s) d'une ou plusieurs activités le concernant (limitation de nombre d'activités à consulter).

✎ Le tarif d'abonnement d'un client sera vu à la hausse si celui-ci désire consulter les A.O.s d'autres activités qui « ne concerne pas son activité principale ».

2.2.2.2. Module de Tarification :

C'est un système qui permet de :

✎ Avoir un compteur sur les A.O.s visités par un abonné.

✎ Gérer la tarification suivant le comportement de l'abonné selon le nombre de connexions par jour et les adresses IP desquelles il se connecte.

2.2.2.3. Module de Traçabilité :

Ce module permet d'avoir une traçabilité sur chaque connexion d'un abonné :

✎ Nombre de jetons (unités) consommés lors d'une connexion.

✎ Date et heure d'accès et date et heure de sortie (date et heure de fin de la session : approximative).

✎ Adresse IP de la connexion....

2.2.2.4. Module de reporting :

C'est un module de l'interface d'administration qui offre, entre autres :

✎ Un système, se basant sur un ensemble de requêtes envoyées à la base de données, permet d'avoir des résultats sur le comportement et les situations des abonnés.

✎ Le choix d'application des pénalités (de tarification) sur les abonnés suivant leurs comportements : le système propose à l'administrateur d'appliquer des pénalités[tenues confidentielles] sur des abonnés suivant un « paramétrage » établi à l'avance. L'administrateur peut confirmer ou refuser l'application de ces pénalités.

2.3. Solutions proposées :

2.3.1. Modèle économique :

Après l'étude du modèle économique de **Maroc Télécommerce** et celui de **maroc-business**, le choix s'est porté sur le suivant :

↳ L'abonnement suit le type d'abonnement adopté par maroc-business, en se basant sur le pack ;

↳ Le pack comporte un ensemble d'unités, partagé entre plusieurs services.

↳ Lors de l'abonnement, le client a le choix entre plusieurs tranches d'unités à consommer, qu'il doit prépayer ;

↳ L'abonnement est annuel :

 ⚹ En cas d'épuisement des unités d'un service donné dans l'année d'abonnement courante, l'abonné n'a qu'à recharger son solde par un nombre d'unités voulu pour pouvoir rebénéficier de ce service;

 ⚹ En cas de fin d'abonnement (le client ne se réabonne pas avant la fin effective de son contrat annuel), le compte est suspendu et les unités restantes sont perdues ;

 ⚹ En cas de réabonnement, les unités restantes de l'abonnement ultérieur sont perdues, et seules les unités de l'abonnement courant sont à consommer.

↳ Les unités consommées lors d'une consultation dépendent du service consulté lui même, du nombre de consultation, et du client en question ;

↳ Les abonnées peuvent se voir attribués des consultations gratuites ou un prolongement de leur abonnement annuel d'un nombre de jours donné ; et ceci lors d'une offre spéciale, ou suite à une action commerciale de fidélisation des clients féaux.

Et pour synthétiser les différentes règles de gestion des trois modèles économiques adoptés par les divers intervenants, afin de les comparer et avoir une vision globale, on a dressé le tableau suivant :

	Service Etats Financiers	Maroc-business	Maroc Télécommerce
Abonnement par pack	✓	✓	
Abonnement prépayé	✓	✓	

Cautionnement			✓
Redevance en fin de mois			✓
Abonnement par unité	✓	✓	
Abonnement annuel	✓	✓	
Suspension de services à la fin de l'année d'abonnement	✓	✓	
Suspension de services à l'épuisement du solde	✓		✓
Tarification fixe		✓	✓
Offre de consultations gratuites	✓	✓	
Offre de prolongement de l'abonnement	✓	✓	
Système de pénalisation		✓	
Télépaiement			✓
Contact avec le client	✓	✓	✓

Tableau.2.1 : Modèles économiques

D'après cette étude comparative, le modèle économique adopté pour ce nouveau service concurrence celui adopté par **Maroc Télécommerce**, tout en respectant celui adopté par **maroc-business**, pour ne pas dérouter ses clients sans pour autant être identique à l'un ou à l'autre des deux modèles.

2.3.2.   Communication avec l'OMPIC :

En plus de la mise en place d'une communication simple via des URL (adoptée aussi par **Maroc Télécommerce**), dont les champs(N° RC, année, tribunal de commerce) ont été fixés par l'OMPIC, on a prévu une autre solution.

La solution qu'on a proposé, qui va permettre l'échange des informations contenues dans l'URL avec plus de transparence et une traçabilité en temps réel, se base sur l'implémentation d'un service web WS. Celui-ci a comme objectif principal de faciliter l'accès aux applications entre entreprises et de simplifier ainsi les échanges de données.

On peut illustrer l'architecture d'un serveur web comme suit :

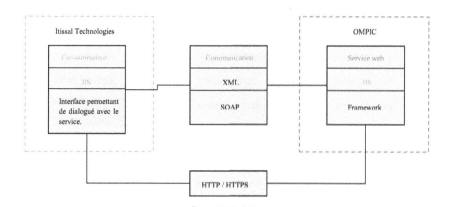

Les protocoles HTTP et HTTPS servent à transporter les données sur le réseau entre Itissal Technologies (consommateur) et le l'OMPIC (service web). Les données sont sous le format XML (voir Glossaire) et/ou SOAP (voir Glossaire). Le serveur où se trouve le service web doit capable d'exécuter le code de celui-ci et nécessite IIS (voir Glossaire) et le Framework(voir Glossaire), et celui du consommateur doit quant à lui disposer de IIS.

Figure.2.2 : Architecture du service web

Ainsi, sous la contrainte de délivrer une traçabilité mensuelle des consultations et de la base image et de la base textuelle, on a opté pour le développement d'un service web qui va être déployé à l'OMPIC, et dont l'application à développer en sera cliente.

En parallèle avec l'implémentation du serveur web, une base de données à mettre en place (se référer à 3.3 du chapitre 3) au niveau de l'OMPIC, ainsi en plus de l'échange des informations concernant l'état choisi par le client en consultation, un ensemble de traitement s'en suivront à savoir la mise à jour de la traçabilité ….

Conclusion :

Ce chapitre a permis de lever le voile sur un ensemble de points, menant ainsi à la proposition d'un certain nombre de solutions.

A ce niveau, on peut passer à l'étape suivante 'la conception', qui va être traitée dans le chapitre exposé ci-après.

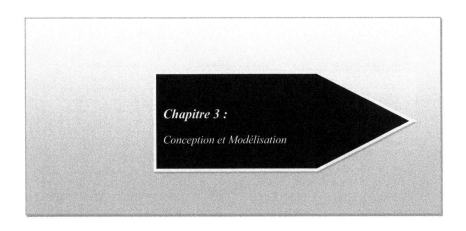

Chapitre 3 :

Conception et Modélisation

Ce chapitre est consacré à la conception et la modélisation de ce projet.

Pour ceci, on a étudié les besoins et on a délimité le domaine d'application en se basant sur la notation UML 2.0, qui offre un ensemble de diagrammes. On s'est suffi de quatre :

① Diagramme de cas d'utilisation ;

② Diagramme de séquence ;

③ Diagramme de classes ;

④ Diagramme d'états de transition.

Les différents diagrammes ont été élaborés moyennant l'Atelier Génie Logiciel 'Power AMC 12.1'.

Pour la modélisation de l'étoile du modèle décisionnel, on s'est appuyé sur l'environnement 'Microsoft Analysis Services'.

3.1. Diagramme de cas d'utilisation :

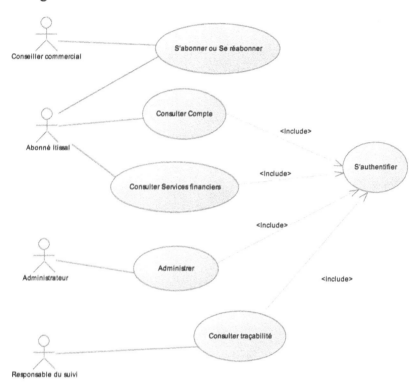

Figure.3.1 : Diagramme de cas d'utilisation

↳ *Système :*

Le système mis en place, concerne :

- La gestion des accès prépayés au service états financiers ;
- La gestion des abonnements, des réabonnements et des recharges aux différents services;
- Le suivi des consultations aux services ;
- La consultation du compte ;
- L'administration.

↳ *Acteurs :*

Abonné Itissal :

- Les clients dont le plafond des services financiers est épuisé désirant recharger leur solde ;
- Les clients qui n'ont pas l'accès aux services financiers souhaitant s'y inscrire ;
- Des nouveaux clients s'abonnant à différents services de maroc-business incluant celui des états financiers.

Responsable du suivi : Toute personne chargée du suivi de la traçabilité, soit chez l'OMPIC, soit chez Itissal.

Administrateur : Personne chargée d'administrer le système chez Itissal.

Conseiller financier : Personne chargée d'entrer en contact avec le client pour négocier son abonnement, son réabonnement ou sa recharge de services et la signature du contrat.

↳ *Tableau descriptif des différents cas d'utilisation :*

CU	Acteurs	Descriptif	Scénario
S'abonner ou Se réabonner	Abonné Itissal, Conseiller financier	L'abonné Itissal pourra recharger et / ou s'abonner aux services financiers, dans l'année courante ou l'inclure lors de son réabonnement annuel. Un nouveau client choisit de s'abonner à un ou plusieurs services Itissal incluant ce service.	- Activer l'abonnement -Recharger le plafond des états financiers - S'abonner -Se réabonner
S'authentifier		Chaque acteur voulant accéder au système fait entrer son login et son mot de passe.	- S'authentifier
Consulter compte	Abonné Itissal	Consultation du compte.	- Consulter le compte
Consulter services financiers	Abonné Itissal	Par un abonnement préalable aux services financiers ou demande de démo, tout client Itissal peut bénéficier des consultations.	- Consulter les services financiers - Consulter la démo

Consulter la traçabilité	Responsable du suivi	Suivre l'historique des accès et des consultations des services états financiers.	- Consulter la traçabilité
Administrer	Administrateur	Gérer l'activation des comptes et leur administration, ainsi qu'un ensemble de paramètres entrant en jeu.	-Tester -Gérer les cartes -Gérer les comptes -Gérer les prix unitaires -Gérer les soldes -Suivre l'historique des consultations

Tableau.3.1 : Tableau descriptif des différents cas d'utilisation

NB : L'authentification dépend principalement de l'acteur, ainsi les pages chargées et les droits d'accès différeront selon leurs statuts (administrateur, abonné ou responsable suivi).

Cas d'utilisation 1 :

Fiche descriptive :

L'intitulé : S'abonner ou se réabonner
Date : 27/03/2009
Auteur : CHEBAB & JAABA
N° de version : 5.0
Etat : valide
L'intention : L'abonné Itissal pourra recharger et/ou s'abonner aux services financiers à tout instant de l'année courante afin d'augmenter son plafond. Comme il peut les inclure dans son abonnement annuel.

L'abonné Itissal est sensé consommer son plafond payé lors de son abonnement en plus de celui ajouté suite à une demande de recharge, dans une année. Sinon il sera obligé à se réabonner aux services qu'il désire. La procédure d'abonnement (de réabonnement/recharge) se fait comme suit :

✓ Le nouveau client entre sur le site, choisit de s'abonner, remplit un formulaire indiquant ses informations. Une fois ce formulaire rempli, et envoyé par mail à Itissal, un conseiller commercial se charge de contacter le client en question, pour répondre à ses interrogations, choisir les services qu'il désire consulter, se déplacer chez lui afin de négocier les clauses du contrat.

✓ Après avoir effectué le paiement, l'abonné se trouve attribué une carte prépayée avec un numéro de série et un code d'accès à gratter qui vont lui permettre d'activer son compte. Si cet abonné désire par la suite recharger son plafond dans la même année d'abonnement, il n'aura qu'à remplir une demande de recharge. Et comme dans le cas de l'abonnement, le conseiller commercial contacte l'abonné pour demander le nouveau plafond désiré. L'administrateur se chargera d'augmenter son plafond automatiquement.

✓ Lorsque son année d'abonnement s'est expiré, le client pourra renouveler son contrat d'abonnement avec un nouveau plafond pour bénéficier des nouveaux services. Il est contacté par le conseiller commercial, au cas où il ne se manifeste pas par lui même.

ઍૠઍૠઍૠઍૠઍૠઍૠઍૠઍૠઍૠઍૠઍૠઍૠ

Prêt condition : Abonné d'Itissal
Post condition : Abonnement, réabonnement ou recharge
Acteur : Abonné Itissal, Conseiller commercial

ઍૠઍૠઍૠઍૠઍૠઍૠઍૠઍૠઍૠઍૠઍૠઍૠ

Scénario :

- Activer l'abonnement

-Recharger le plafond des états financiers

- S'abonner

-Se réabonner

Cas d'utilisation 2 :

Fiche descriptive :

L'intitulé :S'authentifier
Date :27/03/2009
Auteur :CHEBAB & JAABA
N° de version : 5.0
Etat :valide
L'intention : Chaque acteur voulant accéder au système fait entrer son login et son mot de
passe.ઍૠઍૠઍૠઍૠઍૠઍૠઍૠઍૠઍૠઍૠઍૠઍૠ

Prêt condition : Droits d'accès

Post condition : Accéder aux services voulus
ઍૠઍૠઍૠઍૠઍૠઍૠઍૠઍૠઍૠઍૠઍૠઍૠ

Scénario :- S'authentifier

Cas d'utilisation 3 :

Fiche descriptive :

L'intitulé : Consulter compte
Date :27/03/2009
Auteur :CHEBAB & JAABA
N° de version : 5.0
Etat :valide
L'intention : Tout abonné aux services Itissal pourra consulter son compte à savoir : son solde disponible, la date d'expiration d'abonnement, plafond du solde.

ଔଔଔଔଔଔଔଔଔଔଔଔଔଔଔଔଔଔଔଔଔଔଔଔଔ

Prêt condition : Abonné à Itissal
Post condition : Consultation compte
Acteur : Abonné Itissal

ଔଔଔଔଔଔଔଔଔଔଔଔଔଔଔଔଔଔଔଔଔଔଔଔଔ

Scénario :- Consulter le compte

Cas d'utilisation 4 :

Fiche descriptive :

L'intitulé : Consulter services financiers
Date :27/03/2009
Auteur :CHEBAB & JAABA
N° de version : 5.0
Etat :valide
L'intention : Par un abonnement préalable aux services financiers, tout client Itissal peut bénéficier des consultations. Et il peut aussi accéder à la démo de consultations, par un compte test mis à la disposition des clients.

ଔଔଔଔଔଔଔଔଔଔଔଔଔଔଔଔଔଔଔଔଔଔଔଔ

Prêt condition : Service disponible, plafond non épuisé et client abonné ou un client potentiel
Post condition : Consultation d'état financier
Acteur : Abonné Itissal

ଔଔଔଔଔଔଔଔଔଔଔଔଔଔଔଔଔଔଔଔଔଔଔଔ

Scénario :- Consulter les services financiers
        - Consulter la démo

Cas d'utilisation 5 :

Fiche descriptive :

L'intitulé : Consulter la traçabilité
Date :27/03/2009
Auteur :CHEBAB & JAABA
N° de version : 5.0
Etat :valide
L'intention : Suivre l'historique des accès et des consultations des états financiers.

ಒಂದು ಒಂದು ಒಂದು ಒಂದು ಒಂದು ಒಂದು ಒಂದು ಒಂದು ಒಂದು ಒಂದು ಒಂದು

Prêt condition : Droit d'accès
Post condition : Consultation de la traçabilité
Acteur : Responsable du suivi

ಒಂದು ಒಂದು ಒಂದು ಒಂದು ಒಂದು ಒಂದು ಒಂದು ಒಂದು ಒಂದು ಒಂದು ಒಂದು

Scénario :- Consulter la traçabilité

Cas d'utilisation 6 :

Fiche descriptive :

L'intitulé : Administrer
Date :27/03/2009
Auteur :CHEBAB & JAABA
N° de version : 5.0
Etat :valide
L'intention :L'administration du système englobe un ensemble de fonction qui se font directement sur la base de données ou à travers une interface ainsi pour cette dernière:

- L'administrateur dispose d'un autre compte client test qui va lui permettre d'évaluer le fonctionnement des différents services ;

- La gestion des comptes concerne le réabonnement annuel d'un client donné :l'administrateur et suite à la signature d'un nouveau contrat avec ce client, réinitialiseles données propre à son nouvel abonnement, et active sa carte.

- La gestion de soldes : dans le cas d'une recharge, l'administrateur augmente le plafond des données concernées, et dans le cas de promotion il prolonge la date d'expiration.

- La gestion des prix unitaires : concerne les tranches de prix unitaires par service.

- La gestion des cartes : permet de modifier l'état de la carte[se référer à la partie 3.5. du chapitre 3].

- La page de l'historique comporte tous les services offerts par Itissal, contrairement à la page de traçabilité qui concerne juste les services financiers.

ᏚᏣᏚᏣᏚᏣᏚᏣᏚᏣᏚᏣᏚᏣᏚᏣᏚᏣᏚᏣᏚᏣᏚᏣᏚᏣᏚᏣ

Prêt condition : Droit d'accès
Post condition : Administrer
Acteur : Administrateur

ᏚᏣᏚᏣᏚᏣᏚᏣᏚᏣᏚᏣᏚᏣᏚᏣᏚᏣᏚᏣᏚᏣᏚᏣᏚᏣ

Scénario :

- Tester

-Gérer les soldes

- Gérer les prix unitaires

- Gérer les cartes

- Gérer les comptes

- Suivre l'historique des consultations

3.2. Diagramme de séquence détaillé :

3.2.1. Cas d'utilisation : S'abonner ou se réabonner :

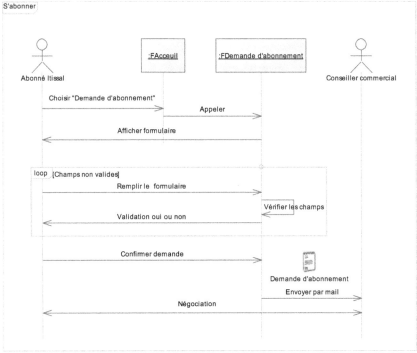

Figure.3.2 : Diagramme de séquence détaillé : S'abonner

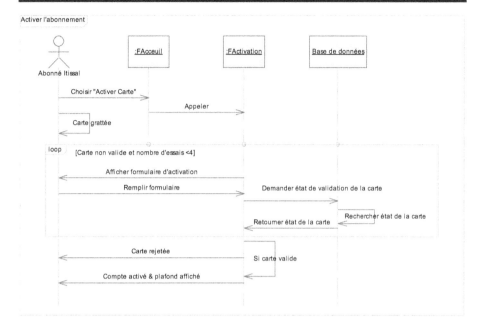

Figure.3.3 : Diagramme de séquence détaillé: Activer l'abonnement

Pour ce qui est du reste des scénarios de ce cas d'utilisation, à savoir « se réabonner » et « recharger le plafond des états financiers », leurs diagrammes de séquence sont quasi similaires à celui du scénario « S'abonner ».

La différence c'est que l'abonné au tout début soit choisit de se réabonner, soit choisit de recharger.

3.2.2. Cas d'utilisation : S'authentifier:

Figure.3.4 : Diagramme de séquence détaillé : S'authentifier

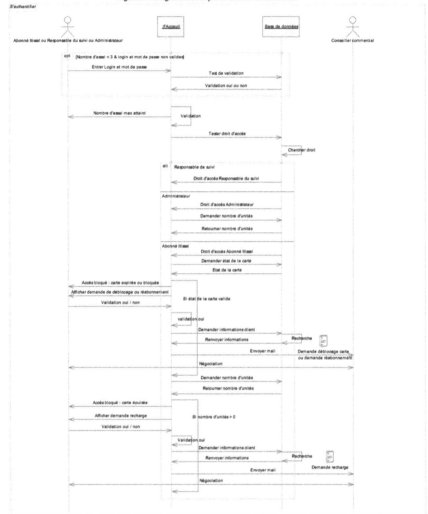

NB : l'authentification est augmentée par une option d'envoi de mail :

① Vers un compte Itissal, après validation du client en cas d'épuisement du solde, de blocage de

L'accès suite à une pénalisation ou d'expiration de l'abonnement ;

② Vers un compte de l'abonnement en cas d'oubli du mot de passe.

3.2.3.   Cas d'utilisation : Consulter la traçabilité:

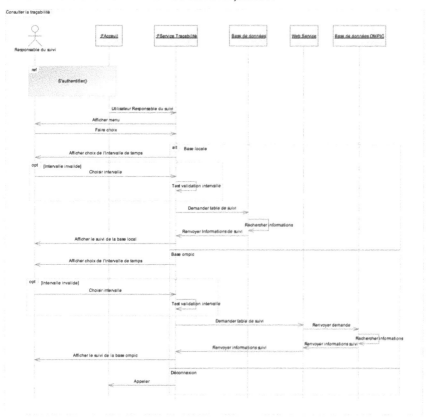

Figure.3.5 : Diagramme de séquence détaillé : Consulter la traçabilité

3.3.   Diagramme de classes :

3.3.1.   Au niveau d'Itissal :

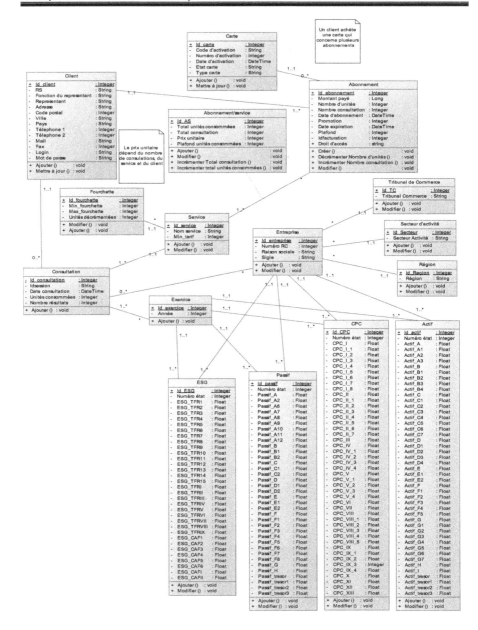

Figure.3.6 : Diagramme de classes (Itissal)

Pour concevoir la structure statique du système, du côté d'Itissal, on a proposé le diagramme de classes ci-avant ainsi :

Pour s'abonner, un client achète une carte prépayée qui concerne un ou plusieurs services. Une fois cette carte est activée, le client pourra bénéficier de ses services offerts lors de son année d'abonnement.

Un **client** est identifié par un ensemble d'informations personnels et aussi des informations relatifs à son compte, on en cite:

- Pays : les clients peuvent être d'un autre pays;
- Login : il sera définit par le client, lors de l'activation de la carte;
- Mot de passe : il sera définit par le client, lors de l'activation de la carte.

La **carte** est identifiée par :

- Code d'activation : existant sur la carte;
- Numéro d'activation : existant sur la carte;
- Date d'activation : ce champs est rempli lors de l'activation du client;
- Type carte : le type de la carte dépend des services inclus et du nombre d'unité respectivement affecté;
- Etat carte ^(voir diagramme de transition de la carte si après).

La carte d'activation demeure réutilisable pour tous les réabonnements. Elle est dans son état valide juste après son activation, passe à son état bloqué après l'épuisement du solde, l'expiration de l'abonnement ou suite à une pénalisation. Elle est réactivée dans le cas d'un réabonnement. Pour ce qui est du réabonnement, on n'écrase pas les informations relatives à l'abonnement antérieur, pour garder un historique.

Un **abonnement ou réabonnement** est identifié entre autres par :

- L'identité du client ;
- Le montant payé en dirhams : initialisé par la valeur payé à l'abonnement ou réabonnement, augmenté automatiquement en cas de recharge;

- Le plafond : le nombre d'unités équivalent au montant payé, il est augmenté automatiquement en cas de recharge ;
- Le nombre d'unités consommé : initialisé au plafond, et se décrémente automatiquement dans chaque nouvelle consultation;
- Nombre de consultations : s'incrémente pour chaque nouvelle consultation ;
- Promotion : nombre de jours supplémentaires dédié à un client fidèle ;
- Idfacturation : désigne l'identifiant du contrat d'abonnement ;
- Droit d'accès : dépend de l'utilisateur. En effet, un administrateur verra attribué un pack spécifique pour l'administration et par conséquent il ne sera pas confronté au même système de tarification que subit le client, de même que pour le responsable suivi.

Un abonnement concerne un ou plusieurs services. A chaque **service** est attribué un certain nombre d'unités désigné par le plafond des unités à consommer .C'est en fonction du nombre de consultations effectuées par un client pour un **service** particulier que :

ᗺ Le nombre total de consultations, concernant ce service, s'incrémente ;

ᗺ Le nombre d'unités consommés, concernant ce service, s'incrémente ;

ᗺ Le prix unitaire est calculé en fonction du service et du nombre de consultations. Pour ce faire, on va définir un ensemble d'intervalles, et selon la valeur atteinte des consultations on fixera un prix unitaire. Ce prix peut aussi changer, suite à une promotion l'avantageant pour sa fidélité.

L'ensemble d'intervalles est mis en place selon des **fourchettes**, pour chacun des services. Ces **fourchettes** sont identifiées entre autres par :

- Unités décrémentées : le nombre d'unités à décrémenter si le nombre de consultations est dans la fourchette ;
- Min_fourchette : le seuil à partir du quel le prix unitaire propre à un abonnement et un service est décrémenté ;
- Max_fourchette : le seuil jusqu'au quel le prix unitaire propre à un abonnement et un service est décrémenté.

Les **services** offerts sont identifié entre autres par :

- Le Min_tarif : qui constitue le minimum de tarification fixé au préalable, et pour lequel le prix unitaire de chaque service pour un abonnement donné ne peut descendre en dessous.

Et afin de garder une traçabilité des consultations effectuées, une table consultation est mise en place. Cette table devrait illustrer la dynamique du service Etats Financiers.

La **consultation** est identifiée par :

- L'identité du client ;
- Idsession : pour identifier dans quelle session cette consultation a été faite ;
- Date de consultation ;
- Unités consommées : lors de cette consultation ;
- Nombre résultats : le nombre de lignes/états affichés.

NB :

- Une consultation pourrait faire appel à un seul comme plusieurs états financiers (dans le cas du service décisionnel), ceci est identifié par le nombre résultat.
- Un état financier, un résultat ou une entreprise dans un exercice donné est identifié par :
  - Bilan (Actifs et Passifs) ;
  - Compte des produits et charges (CPC) ;
  - Etat des soldes de gestion (ESG).

Une entreprise c'est l'entité qui a déposé son état financier au près de l'OMPIC. Ainsi, on a une base de données annuellement mis à jour (dépôt de l'état de l'exercice précédent), qui peut voir des entreprises ne plus y figurée, et de nouvelles venues.

Une entreprise est identifiées de ce fait par :

- Tribunal de commerce : l'Id sera ramené de la table tribunal de commerce qui pour le moment compte 6 tribunaux [voir annexe];
- Numéro RC : qui est un numéro attribué à une société donnée lors de sa création;

- Raison sociale : ou dénomination sociale c'est le nom des sociétés civiles donnés lors de leur création;
- Sigle : lettre initiale ou suite de lettres initiales constituant une abréviation de la raison sociale;
- Secteur d'activité : l'Id sera ramené de la table secteur d'activité;
- Région : l'Id sera ramené de la table Région qui compte les 21 régions juridiques du maroc[voir annexe].

NB :

- C'est la combinaison du tribunal de commerce et du Numéro RC qui est unique. En effet, on peut avoir par exemple le même numéro RC, de deux entreprise différentes dans deux tribunaux de comme distincts.
- Pour ce qui est des attributs des classes Actifs, Passifs, CPC, et ESG, leurs définitions est dans l'annexe C, l'abréviation des champs a été inspirée de la structure du plan comptable marocain.

3.3.2. Au niveau de l'OMPIC :

Pour ne plus communiquer avec l'OMPIC via des URL pour pouvoir consulter les états financiers en format « image », on a proposé d'implémenter le serveur web [se référer à 2.3.2 du chapitre 2].

Pour ce faire, a fallu mettre en place une base de données avec laquelle le serveur web doit interagir, et sont diagramme de classes est le suivant :

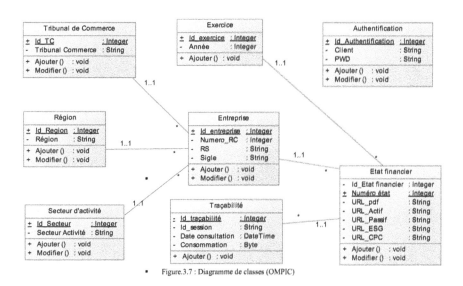

Figure.3.7 : Diagramme de classes (OMPIC)

L'**entreprise** qui a déposé son état financier au près de l'OMPIC a les mêmes informations de base présente dans la structure à Itissal:

Etat financier qui correspond à une **entreprise** donnée, dans un **exercice** donné est identifié principalement par :

- Numéro état ;
- URL_pdf : un lien vers l'emplacement de tout l'état financier en format pdf;
- URL_Actif : un lien vers l'emplacement de l'actif en format image;
- URL_Passif : un lien vers l'emplacement du passif en format image;
- URL_ESG : un lien vers l'emplacement de l'ESG en format image;
- URL_CPC : un lien vers l'emplacement du CPC en format image.

Pour ce qui est de la **traçabilité** des consultations de la base « image » au niveau de l'OMPIC, elle enregistrera :

- Idsession : pour identifier dans quelle session cette consultation a été faite ;
- Date de consultation ;

- Consommation : un indicateur pour montrer si le client a bien consulter l'état financier, ou il a juste demandé une recherche de son existence.

  NB : c'est le serveur web qui s'occupe d'enregistrer ces informations, suite à son invocation par le serveur d'application d'Itissal[(se référer au chapitre 4)].

Et pour pouvoir sécuriser l'accès a cette base par le bilai du web service, on a mis an place l'**authentification** qui compte :

- Client : un nom du client qui utilise le service web ;
- PWD : le mot de passe crypté [(voir l'annexe)].

  NB : La combinaison de ces 2 champs est unique.

3.4.   Modèle décisionnel :

Le diagramme de classes « Itissal » [(Figure.3.8)] intègre la structure de la base de données qui va donner lieu au modèle décisionnel. Ce modèle décisionnel va permettre de mettre en place le module décisionnel.

L'étoile [(voir annexe)] du modèle décisionnel est la suivante :

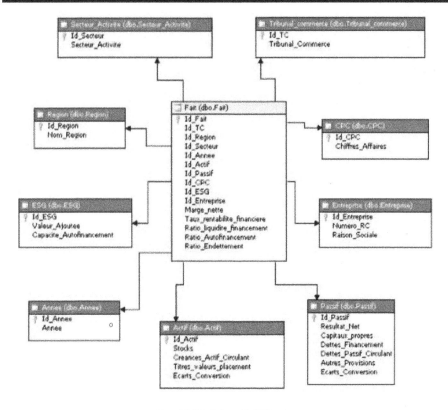

Figure.3.8 : L'étoile du modèle décisionnel

Le fait[voir annexe] contient un ensemble d'indicateurs (ratios), qui ont été identifié comme les plus utiles dans la l'analyse décisionnel.

Ces ratios sont calculés à partir des différents champs des dimensions et leurs formules sont comme suit:

- La marge nette indique quel est le résultat net que l'entreprise réalise en moyenne à chaque fois qu'elle vend un produit ou un service.

Formule : Marge nette =Résultat net (bénéfice ou perte)/ Chiffre d'affaires ;

- Le taux de rentabilité financière mesure la capacité de l'entreprise de rémunérer les associés.

Formule : Taux de rentabilité financière =Résultat net / (Capitaux propres - Résultat net) ;

- Le ratio de liquidité de financement est un indicateur de la liquidité d'une entreprise ou d'un particulier et de sa capacité à rembourser ses dettes à court terme.

Formule : Ratio de liquidité de financement = Actif circulant (Stocks + Créances de l'actif circulant + Titres et valeurs de placement + Ecarts de conversion)/ Dettes à Cours Terme [Passif circulant] (Dettes du passif circulant + Autres provisions pour risques et charges + Ecarts de conversion) ;

- Ratio d'autofinancement mesure la capacité de remboursement de l'entreprise.

Formule : Ratio d'autofinancement = Dettes financières / CAF [Capacité d'autofinancement] ;

- Le ratio d'endettement sert à connaitre les capacités réelles de remboursement et de financement à crédit.

Formule : Gearing (ratio d'endettement) = Dette financière nette / capitaux propres.

Les champs des dimensions quant à eux sont tirés de la base placée à Itissal, la correspondance entre les champs du bilan, du CPC et de l'ESG est dans l'annexe.

3.5.   Diagramme de transition :

Les états de la carte peuvent être résumés comme suit :

Figure.3.9 : Diagramme de transition : Etats de la carte d'abonnement

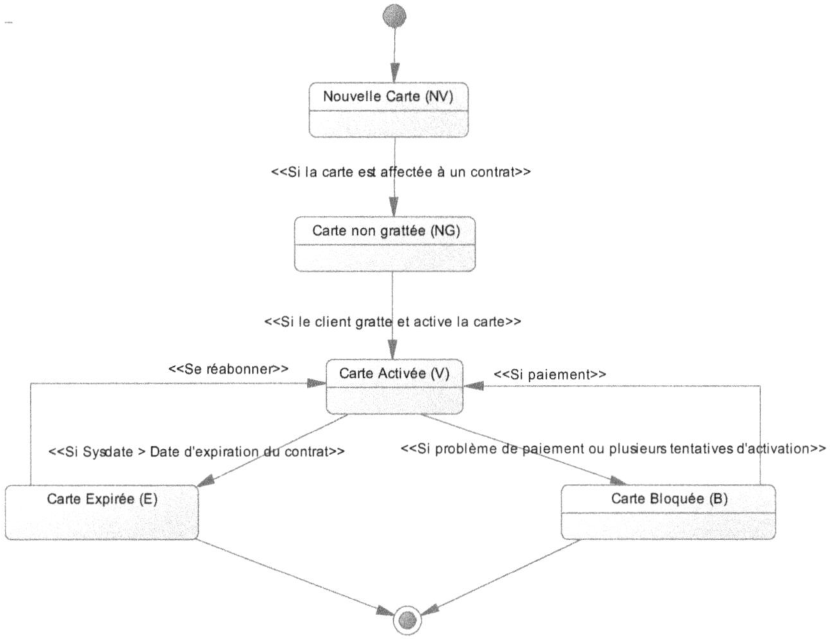

Nouvelle Carte (NV)

<<Si la carte est affectée à un contrat>>

Carte non grattée (NG)

<<Si le client gratte et active la carte>>

<<Se réabonner>>   Carte Activée (V)   <<Si paiement>>

<<Si Sysdate > Date d'expiration du contrat>>   <<Si problème de paiement ou plusieurs tentatives d'activation>>

Carte Expirée (E)   Carte Bloquée (B)

Une carte à sa création est à son état nouveau (NV), une fois elle est achetée, son état passe à non gratté (NG).

Quand le client l'active « état valide (V)» elle reste à cet état, jusqu'à l'expiration du contrat annuel passant ainsi à l'état « expiré (E)», ou jusqu'à ce qu'elle passe à l'état « bloqué (B) » suite à une pénalisation ou bien suite au dépassement du nombre de tentatives maximum fixé lors de l'activation de la carte par le client.

Conclusion :

Dans ce chapitre on a modélisé le domaine d'application de ce projet en usant de la notation UML 2.0, clôturant ainsi les deux phases de conception générale et détaillée.

On passe maintenant aux dernières phases du projet qu'on traite dans le chapitre qui va suivre, intitulé « étude technique et conception ».

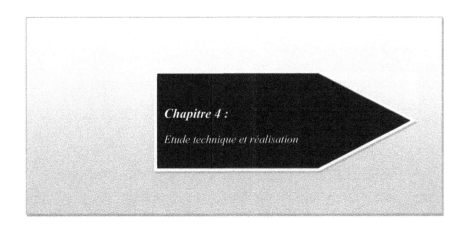

Chapitre 4 :

Etude technique et réalisation

Dans ce chapitre, on expose tout d'abord les choix techniques adoptés dans ce projet, à savoir le système de gestion de bases de données relationnel, et les différents outils adoptés pour les 2 modules mis en place.

Ensuite, on étale les différentes étapes et procédures par les quelles s'est accomplie la réalisation. Ainsi, on commence par le premier module réalisé, qui compte la consultation des états « images » avec les deux modes de communication et l'implémentation du modèle économique, la consultation des états « textuels », l'implémentation de la traçabilité, et l'administration. Par la suite, on s'attarde sur le second module qui concerne l'implémentation du modèle décisionnel. Et pour finir, on présente quelques interfaces du portail réalisé.

4.1.   Etude Technique :

Pour la mise en œuvre du projet, on a opté pour la plateforme Microsoft .NET.

4.1.1.   Système de gestion de bases de données relationnel:

Le choix s'est porté sur « SQL Server 2005 » pour ses multiples avantages :

- Création et déploiement des applications plus sûres, plus puissantes et plus fiables;
- Offre des solutions décisionnelles robustes et intégrées favorisant la prise de décisions et permettant d'accroître l'efficacité de l'ensemble de l'organisation;
- Offre un outil de développement pour Transact-SQL, MDX (Multidimensional Expression) et XML for Analysis (XML/A)$^{(voir\ Glossaire)}$. L'intégration avec l'outil de développement Visual Studio permet un développement et un débogage plus efficaces des applications métiers et décisionnelles ;
- Contrôle les coûts sans sacrifier les performances, la disponibilité ou la capacité à monter en charge ;
- Le CLR (Common Language Runtime)$^{(voir\ Glossaire)}$ étant intégré dans le moteur de la base de données, ce qui met à la disposition une vaste gamme de langages de programmation, comme Transact-SQL, Visual Basic .NET.

D'autant plus qu'il dispose de l'outil « SQL Server 2005 Management Studio », qui permet d'accéder à toutes les fonctionnalités et options des différents serveurs gérés par le SGBDR (Moteur de bases de données, Integration Services, Analysis Services, et Reporting Services).

Figure.4.1 : Différents serveurs de SQL Server2005

4.1.2.   Outils de développement:

La série Visual Studio 2005 englobe un ensemble d'outils et de langages de développement de la .NET Framework, qui utilisent tous le même environnement de développement intégré (IDE)$^{(voir\ Glossaire)}$, qui leur permet de partager des outils et facilite la création de solutions faisant appel à plusieurs langages.

Pour s'intégrer avec le site web « Maroc-business », on a choisi de développer avec le langage « VB. Net » qui est une continuité de Visual Basic 6.0.

Pour ce qui est de l'application web, on utilise la technologie « ASP.NET » qui offre la possibilité de créer des pages web composées de Widget (ou zone de contrôle), et la solution est précompilée avant d'être placée sur le serveur d'hébergement (publication).

Quant au service web, il est aussi intégré dans Visual Studio 2005, considéré comme un sous ensemble des applications web « ASP.NET ». Les Web Services sont fondés sur SOAP (Simple Object Access Protocol), définis par la syntaxe et les règles d'échanges entre deux systèmes. Les messages SOAP se véhiculent de la même manière qu'une page web au travers des protocoles HTTP.

Pour arriver enfin à « Projets Business Intelligence », utilisés dans la partie décisionnelle. Il offre un ensemble de modèles installés à savoir : « Projet Analysis Services », « Projet Integration Services », et « Projet Reporting Services » :

①Analysis Services fournit des fonctions OLAP (Online Analytical Processing)[voir Annexe] et d'exploration de données pour les applications décisionnelles. Analysis Services prend en charge OLAP en permettant de concevoir, de créer et de gérer des structures multidimensionnelles qui contiennent des données agrégées provenant d'autres sources de données, telles que des bases de données relationnelles. Pour les applications d'exploration de données, Analysis Services permet de concevoir, de créer et de visualiser des modèles d'exploration de données créés à partir d'autres sources de données en utilisant un large éventail d'algorithmes d'exploration de données standard.

②Integration Services est une plateforme qui permet de créer des solutions d'intégration de données hautement performantes, notamment des packages d'extraction, de transformation et de chargement (ETL) [voir Annexe] pour le Datawarehouse et/ou Datamart[voir Annexe].

Integration Services contient des outils graphiques et des Assistants pour la création et le débogage des packages ; des tâches pour la réalisation de fonctions de flux de travail telles que des opérations FTP, pour l'exécution d'instructions SQL ou pour l'envoi de messages électroniques ; des sources et des destinations de données pour l'extraction et le chargement de données ; des transformations pour le nettoyage, l'agrégation, la fusion et la copie de données ; un service de gestion (le service Integration Services) pour administrer Integration Services et des interfaces de programmation d'application (API) pour programmer le modèle objet Integration Services.

③Reporting Services fournit des fonctionnalités Web de création de rapports d'entreprise qui permettent d'extraire du contenu d'une large gamme de sources de données, de publier des rapports dans différents formats et de gérer de façon centralisée la sécurité et les abonnements.

4.1.3. Architecture de développement :

On a opté pour l'architecture 3-tier (étage ou niveau),qui est un modèle logique d'architecture applicative qui vise à séparer très nettement trois couches logicielles au sein d'une même application ou système, à modéliser et présenter cette application comme un empilement de trois couches:

① Présentation des données : correspondant à l'affichage, la restitution sur le poste de travail, le dialogue avec l'utilisateur ;

② Traitement métier des données : correspondant à la mise en œuvre de l'ensemble des règles de gestion et de la logique applicative ;

③ Accès aux données persistantes : correspondant aux données qui sont destinées à être conservées sur la durée, voire de manière définitive.

Dans cette approche, les couches communiquent entre elles au travers d'un « modèle d'échange », et chacune d'entre elles propose un ensemble de services rendus. Les services d'une couche sont mis à disposition de la couche supérieure, ainsi chaque niveau ne communique qu'avec ses voisins immédiats.

Figure.4.2 : Architecture 3-tier

Le rôle de chacune des couches et leur interface de communication étant bien définis, les fonctionnalités de chacune d'entre elles peuvent évoluer sans induire de changement dans les autres couches. Cependant, une nouvelle fonctionnalité de l'application peut avoir des répercussions dans plusieurs d'entre elles.

4.2. Réalisation :

4.2.1. Consultation image :

4.2.3.1. Communication avec l'OMPIC :

On a mis en place 2 modes de communications :

①Communication via des URL :

Cette communication est celle de base, proposée par l'OMPIC.

En effet, une fois l'abonné remplit les informations relatives à l'état qu'il veut consulter, une requête est envoyée à l'OMPIC, usant d'une structure prédéfinie d'URL. Cette URLcontientle code du tribunal de commerce, le numéro RC de l'entreprise, et l'année.

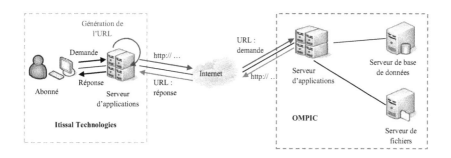

Figure.4.3 : Communication via des URL

Par une analyse du contenu de la page porteuse de la réponse à la requête envoyée, on peut savoir : si l'état n'existe pas ainsi on affiche un message d'erreur à l'abonné, sinon on le redirige vers la page contenant les liens vers les différents documents (Actif, Passif, EGS, CPC) et formats (format image et format pdf) de l'état demandé après validation de la facture.

②Communication via un service web :

Cette communication est celle qu'on a proposée, qui en plus de sa transparence vis-à-vis de l'échange d'informations, permet de mettre à jour la table traçabilité qu'on a mise en place au niveau de l'OMPIC.

En effet, une fois l'abonné remplit les informations relatives à l'état qu'il veut consulter, une requête est envoyée à l'OMPIC, usant d'un appel au serveur web. Cet appel contient, entre autres le code du tribunal de commerce, le numéro RC de l'entreprise, et l'année.

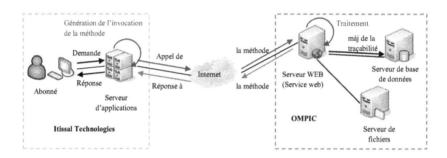

Figure.4.4 : Communication via le service web

Comme retour de cet appel, un ensemble d'informations, principalement un indicateur qui permet de savoir si l'état n'existe pas, dans ce cas on affiche un message d'erreur ; sinon et après validation de la facture, on affiche la page contenant les liens vers les différents formats (format image et format pdf) et documents (Actif, Passif, EGS, CPC) de l'état demandé.

Pour ce qui est de la sécurisation de l'accès au service web, on envoie dans l'appel un identifiant augmenté d'un mot de passe crypté, stocké dans la base de données qu'on a placé au niveau de l'OMPIC, ceci en utilisant aussi une méthode de sécurisation propre au service web (voir Annexe).

4.2.3.2. Implémentation du modèle économique :

En plus de la procédure stockée qui permet de gérer l'expiration des abonnements(voir Annexe), on a prévu des traitements qui permettent de personnaliser les prix de la consultation d'un service donné, suivant le service lui-même, le client et le nombre de ses consultations.

En effet, une fois le client valide sa facture, on effectue un ensemble de mise à jour d'un nombre de champs dans les tables créées à cet effet (voir 3.3.1 du chapitre 3); ceci tout en personnalisant le prix de ses consultations, en comparant le nombre des consultations avec les tranchesprédéfinie, et mettant ainsi à jour le prix correspondant.

NB : Ce modèle est valable pour tous les modules de consultation.

4.2.2.   Consultation textuelle :

A la différence de la consultation dans la partie image, il n'y a pas de communication avec l'OMPIC, la base de données est placée au niveau d'Itissal Technologie.

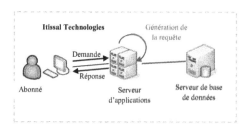

Figure.4.5 : Communication dans la consultation textuelle

En effet, une fois l'abonné remplit les informations relatives à l'état qu'il veut consulter (le tribunal de commerce, le numéro RC de l'entreprise, et l'année), une requête SQL est formulée, vers le serveur de base de données.

Le retour de cette requête est : soit négatif indiquantla non disponibilité de l'état demandé, un message d'erreur est alors affiché;soit positif dans ce cas on affiche la page contenant les tableaux avec les différentsinformations classées par correspondance aux documents (Actif, Passif, EGS, CPC).

4.2.3.　Gestion de la traçabilité :

Le suivi de la traçabilité au niveau de la base d'Itissal se fait par l'enregistrement des champs nécessaires[se référer 3.3 du chapitre 3], suite à une demande de consultation des différents services de consultation offerts. Après validation du reçu, des mises à jour sont effectuées au niveau de cet enregistrement attestant de la consultation de l'état.

Le suivi de la traçabilité -via le serveur web- au niveau de la table créée pour cet effetqu'on a installée à l'OMPIC, se fait en parallèle avec le suivi au niveau d'Itissal pour les consultations « Image ». Ainsi suite à une demande de consultation, l'échange d'informations via le serveur web, permet d'avoir une synchronisation et une correspondance entre les informations enregistrées dans les deux tables, et entre les mises à jour suite à la validation du reçu.

On a donné la possibilité de la consultation de la traçabilité de la table mise en place au niveau de l'OMPIC, et aussi de celle d'Itissal.

En effet, pour ce qui est du suivi des consultations des états « Image », une comparaison est possible entre les deux résultats renvoyés suite à une requête délimitant un intervalle temporelle vers les deux tables.

Pour ce qui est du suivi des deux autres types de consultations (« textuelle » et « décisionnelle »), seul la table à Itissal peut en rendre compte.

NB : Il est à noter que les 'responsables suivi', ne consultent que le suivi des consultations « image » et « textuelle », seul le droit administrateur donne accès aux informations de tous les services (Image, Textuel, et décisionnel).

4.2.4.　Administration :

L'administrateur à travers un ensemble d'interfaces peut :

① Gérer les comptes: suite à　un réabonnement annuel d'un client donné, l'administrateur cherche son identifiant et indique ensuite les montants à affecter à chacun des services, ainsi que l'Id de la facturation. Après validation, la carte passe à l'état « Activée ».

② Gérerles soldes ceci et suite à une demande de recharge, l'administrateur après avoir validé les montants correspondants aux services rechargés, une augmentation automatique des plafondss'en suit.

Et dans le cas d'une promotion, il donne le nombre de jour correspondant au prolongement et suite à la validation,la date d'expiration est augmentée par ce nombre.

③ Gérerles prix unitaires en jouant sur leurs tranches propres à chacun des services.

En effet, et suite à une sélection de la tranche voulue affichée à partir de la table correspondante, l'administrateur peut effectuer ses modifications et après validation ses changements sont enregistrés.

④ Gérerles cartes en sélectionnant celle voulue, il peut faire basculer son état vers l'un des différents états de la carte.

4.2.5. Module décisionnel :

L'idée d'implémenter une couche décisionnelle, dans cette application, est née du besoin de présenter aux clients des résultats synthétiques, leur permettant de fonder une image sur l'état de santé d'une entreprise donnée. L'objectif escompté, consiste à mettre à la disposition de des abonnés et des décideurs des données raffinées faciles à interroger et à analyser. Ces données sont extraites,depuis la source de données « Base Textuelle » (mise en place à Itissal), groupées et organisées puis transformées.

La réalisation de ce module est illustrée par le schéma suivant :

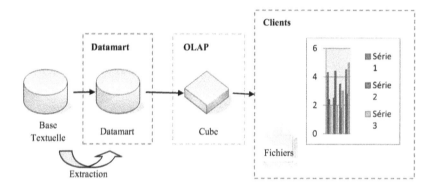

Figure.4.6 : Schéma des étapes de réalisation du module décisionnel

Pour ce faire, on a procédé comme suit :

a. Créer une nouvelle base de données vide sur SQL SERVER 2005, dont la structure est déduite du modèle décisionnel déjà conçu [(voir 3.4 du chapitre 3)], appelée « Base décisionnelle ».

NB : Les types des champs de la nouvelle base doivent correspondre aux types de la « base textuelle ».

b. Alimenter la « Base décisionnelle » depuis la « Base Textuelle ».Cette phase d'extraction de données, réalisée sous l'environnement « Intégration services », consiste à créer un package « .dtsx » dont le contenu est construit à partir de :

✓ Flux de contrôle : c'est un processus synchrone qui regroupe une ou plusieurs tâches à réaliser.Les tâches peuvent s'exécuter en série ou en parallèle en fonction des liens paramétrés entre elles. Dans notre cas, il s'agit de remplir les tables de dimensions en parallèle puis remplir la table des faits. Et pour ce faire, on utilise la tâche Flux de données.

Figure.4.7 : Tâche de Flux de données

✓ Flux de données :le moteur de flux de données est un moteur spécialisé, hautement performant, exclusivement dédié à l'extraction, la transformation et le chargement de données.

Le remplissage de la table des faits est réalisé suivant plusieurs étapes :

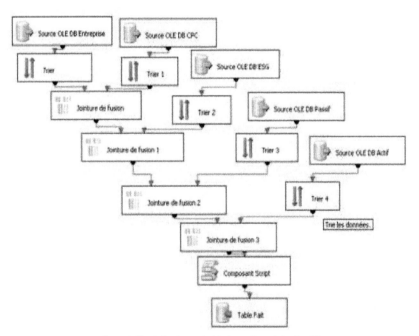

Figure.4.8 : Flux de données pour la tâche de remplissage de la table « fait »

➢ Extraire les champs utiles ainsi que les clés primaires (qui représenteront par la suite des clés étrangères dans la table des faits ou table destination)depuis les tables dimensions, appelées aussi tables sources, les trier pour permettre une jointure de fusion.

Les données à extraire sont soit des données utiles, qui seront affichées sans transformation, ou des données exploitables directement dans le calcul des ratios financiers[Voir un exemple de script en Annexe].

Exemple d'extraction :

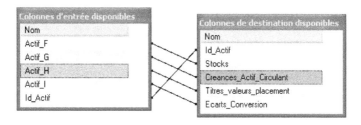

Figure.4.9 : Extraction de données depuis la table Actif « Base textuelle » vers la base Actif «Base décisionnelle »

NB : Une jointure de fusion ne peut s'effectuer qu'entre deux sorties triées.

c.   Créer un cube sous l'environnement 'Analysis Services', à partir de la source de données « Base décisionnelle ».Pour tester la bonne génération du cube ainsi que ses dimensions, il suffit de lancer le serveur 'Analysis service', et vérifier l'arborescence.

Figure.4.10 : L'arborescence du projet Analysis Services sous le serveur Analysis Services

d.   Enfin arrive l'étape d'affichage et de publication des données.

En effet, l'environnement 'Reporting services' permet de modéliser les données du cube sous forme de rapports, des diagrammes etc. à partir des requêtes MDX[Voir annexe].

Exemple d'illustration :

Pour afficher les chiffres d'affaires des entreprises par année et par région, il suffit de faire apparaître dans la source de données les champs suivants récupérés depuis le cube :Raison_sociale(Entreprise), Chiffre_affaire (CPC), Annee (annee), region (region), compteur des faits(Fait).

On désire réaliser le cube suivant :

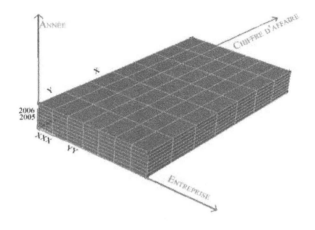

Figure.4.11 : Cube exemple

Par une nouvelle projection sur la région on obtient les résultats suivants :

	Casablanca	ElJadida	Safi	Settat
XXXX			47580060	
YYYY		1233879		
ZZZZ		15425922,83		
WWWW				7122000
AAAA	29545567,66			
BBBB	5669234			
CCCC			32424314,91	
VVVV		64270217,03		

Tableau.4.1 : Echantillon du rapport des chiffres d'affaires des entreprises par région pour l'année 2005

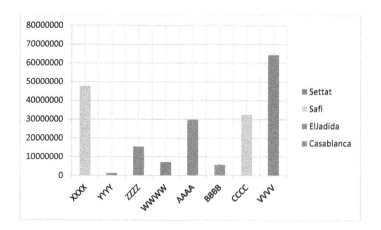

Figure.4.12 : Diagramme des chiffres d'affaires des entreprises par région pour l'année 2005

Et pour clore cette partie, on pourrait dire que les clients peuvent disposés :

① D'un ensemble de diagrammes et rapports conclus à partir des requêtes suivantes :

➢ Chiffres d'affaires des entreprises classés par année ;

➢ Chiffres d'affaires des entreprises classés par région ;

➢ Chiffres d'affaires des entreprises classés par secteur d'activité ;

➢ Ratios et marge nette des entreprises classés par année.

La publication des rapports se fait grâce au serveur reporting services et IIS.

② D'un ensemble de choix entre des requêtes multicritères qui s'exécute à partir de la « Base décisionnelle ».

4.2.6.   Interfaces illustratives :

On présente ici 3 interfaces : la page d'accueil, la page de connexion, et la page propre aux services états financiers.

NB : Les autres interfaces sont présentées dans l'annexe.

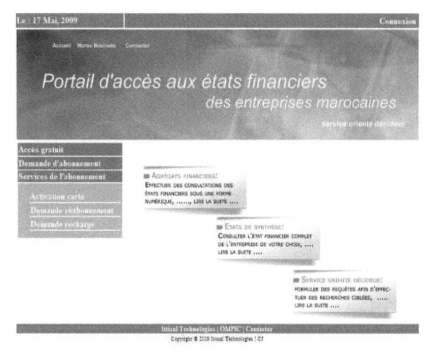

Figure.4.13 : Page d'accueil du portail d'accès aux états financiers des entreprises marocaines

Figure.4.14 : Page de connexion du portail d'accès aux états financiers des entreprises marocaines

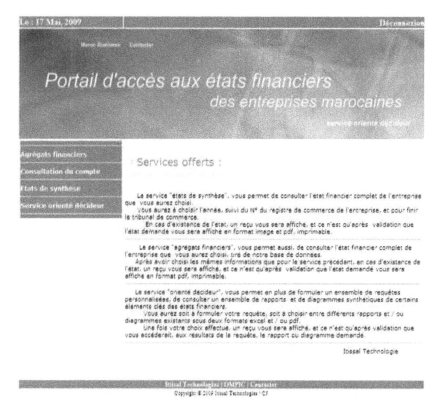

Figure.4.15 : Page des services états financiers du portail d'accès aux états financiers des entreprises marocaines

NB : 'Agrégat financiers' c'est le service « textuel », 'Etats de synthèse' c'est le service « image », et 'Service orienté décideur' c'est le service « décisionnel ».

Conclusion :

Dans ce chapitre, on a pu toucher la réalisation et la mise en pratique, de toutes les solutions et modélisations qui ont été avancées dans les chapitres précédents.

Le fruit de ce travail sera mis à la disposition des différents acteurs identifiés au niveau de la conception, pour les moult services offerts par le « *portail d'accès aux états financiers des entreprises marocaines* ».

Glossaire :

CLR	: le moteur d'exécution interne du Framework Microsoft.Net. Il supporte le code managé en fournissant des services comme l'intégration du multi langage, la gestion du cycle de vie des objets, la sécurité d'accès au code, la gestion des ressources, le débogage.
Drill-down	: désigne le fait d'organiser une recherche d'information dans une base de données multidimensionnelle allant du général au particulier
Framework	: ensemble de bibliothèques fournissant des briques logicielles permettant le développement rapide d'applications.
IDE	: logiciel qui prend en charge une technologie de développement. Il peut proposer des fonctionnalités qui permettent de programmer des applications plus facilement comme des éditeurs de code, des hôtes de dialogue, des assistants, des pages d'aide, des fenêtres de configuration et différents autres outils associés (compilateur, débogueur).
IIS	: le logiciel de serveur HTTP de la plateforme Windows NT.
mot clé	: un terme spécifique, d'usage courant au sein d'une profession, pouvant figurer dans un avis d'appel d'offres
Organisme	: seuls les administrations (Ministères…), Offices et organismes publics et semi-publics sont concernés
SOAP	: permet la transmission de messages entre objets distants, ce qui veut dire qu'il autorise un objet à invoquer des méthodes d'objets physiquement situés sur un autre serveur.
Transact-SQL	: langage dédié à l'accès aux données. Il est une extension de SQL et propose de nombreuses améliorations, comparé à ce dernier : Déclaration de variables, Curseurs (pointeurs de données) etc.
URL	: chaîne de caractères utilisée pour adresser les ressources du World Wide Web : document HTML, image, son, forum Usenet, boîte aux lettres électroniques, etc.
villes/régions	: liste des villes du Royaume classées par Région
XML	: est en quelque sorte un langage HTML amélioré permettant de définir de nouvelles balises. Il s'agit effectivement d'un langage permettant de mettre en forme des documents grâce à des balises (markup).

Bibliographie et
webographie :

Bibliographie :

[Bib1] Visual Basic 2005 : le guide complet, édition Micro Application.
[Bib2] Le guide du codeur : Visual Basic 2005, édition Micro Application.

Webographie :

[Web1] http://msdn.microsoft.com/fr-fr/default.aspx : bibliothèque complète et guide d'utilisation de plateforme Microsoft.
[Web2] http://www.aspfr.com : guide de développement en ASP .NET.
[Web3] http://www.vbfrance.com : guide de développement en VB .NET.
[Web4] http://www.sqlfr.com : guide en SQL Server.
[Web5] http://business-intelligence.developpez.com : tutoriel en business intelligence.
[Web6] http://sqlserver.developpez.com : tutoriel en SQL Server.
[Web7] http://dotnet.developpez.com/vbnet : tutoriel en VB .NET.
[Web8] http://dotnet.developpez.com/aspnet : tutoriel en ASP .NET.
[Web9]http://www.laboratoire-microsoft.org/articles/solution-business-intelligence-sql-server-2005/ : guide d'utilisation des environnements décisionnels sous Visual Studio et SQL Server.

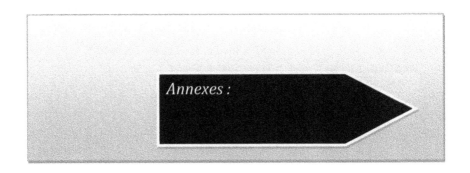

Annexes :

Liste des Annexes :

Annexe A : contrat de fourniture de la base de données textuelle annuelle sur les informations financières pour rediffuseur.

Annexe B : contrat d'abonnement aux services en ligne de l'OMPIC par Maroc-Télécommerce.

Annexe C : nomenclatures adoptées dans l'actif, l'état de solde des gestions, le compte de produits et charges, et le passif.

Annexe D : carte judiciaire du Maroc.

Annexe E : sécurisation du service web.

Annexe F : règles de gestion.

Annexe G : détails techniques.

Annexe H : base en systèmes décisionnels.

Annexe I : diagrammes de séquence.

Annexe J : guide d'utilisation de l'application.

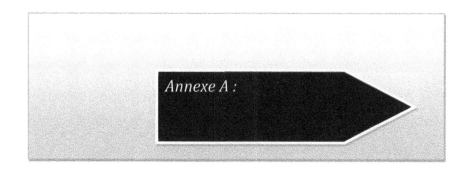

Annexe A :

Cette annexe traite du contrat de fourniture de la base de données textuelle annuelle sur les informations financières pour rediffuseur.

Table des matières :

Passé entre

L'Office Marocain de la Propriété Industrielle et Commerciale (OMPIC) représenté par Mr Adil El Maliki agissant en qualité de Directeur, ci après dénommé l'OMPIC,

D'une part
Et la Société -------------------- représentée par -------------------- agissant en qualité de ------------, ci-après dénommée «l'acquéreur».

D'autre part

IL A ETE CONVENU ET ARRETE CE QUI SUIT:

1. Article :

ARTICLE 1: Objet

L'OMPIC, établissement public, a notamment pour mission légale de tenir le Registre Central du Commerce et de diffuser l'information contenue dans ce registre auprès du public. Il a procédé à l'informatisation de ce gisement informationnel et à la fourniture de bases de données au public moyennant une rémunération pour services rendus.

Le présent contrat a pour objet de déterminer les conditions dans lesquelles l'OMPIC fournit la base de données annuelle des informations financières sur les entreprises à l'acquéreur et les conditions d'exploitation et de diffusion par l'acquéreur de cette base de données.

ARTICLE 2 : Définitions

Registre de Commerce : Registre tenu par le greffier du tribunal de commerce, ou du tribunal de première instance ayant compétence commerciale, permettant de dénombrer les commerçants, les sociétés et les groupements d'intérêt économique installés dans la juridiction de ce tribunal.

Numéro de registre de Commerce : Identifiant par registre de commerce attribué par le tribunal à l'entreprise lors de son immatriculation.

Base de données: Base de données annuelle des informations financières extraite à partir des états de synthèse centralisés par le registre central de commerce tenu par l'OMPIC.

Rediffuseur : c'est une entité privée ou publique disposant des moyens techniques et humains lui permettant d'acquérir et de diffuser les informations contenues dans les bases de données de l'OMPIC, dans un but commercial ou autre. Ce Rediffuseur doit présenter toutes les garanties techniques, financières et humaines conformément au cahier de charge.

Utilisateur : Toute personne à laquelle le Rediffuseur a remis, à titre gracieux ou onéreux, les informations émanant de l'OMPIC. Il n'est autorisé à utiliser ces données que pour un usage personnel ou professionnel destiné à satisfaire ses besoins uniquement interne.

Client : Toute personne à laquelle le Rediffuseur a réalisé des prestations, à titre gracieux ou onéreux, visant à compléter, fiabiliser ou identifier ses fichiers en se basant sur une partie ou la totalité de la base de données objet de ce contrat.

Consultation : consultation effectuée par Utilisateur, par n'importe quel moyen, des informations d'une entreprise dont la source provient d'une façon partielle ou totale de la base de données objet de ce contrat.

ARTICLE 3 : Droits concédés

Le présent contrat confère au Rediffuseur un droit d'usage interne et le droit de rediffusion tel que définis ci-après :

3-1-Droit d'usage interne et personnel

L'usage interne et personnel s'entend d'un usage privé exclusivement par le personnel du Rediffuseur pour ses besoins propres.

3-2-Droit d'usage de rediffusion

3-2-1- la rediffusion consiste en l'acheminent des données (d'origines ou dérivées) auprès d'un tiers par n'importe quel vecteur de diffusion (matériel et immatériel) que le Rediffuseur entendra fixer.

3-2-2- le droit d'usage pour rediffusion est en outre consenti au regard des garanties de sécurité et de qualité dans le traitement de l'information que présente le Rediffuseur. Il s'engage à prendre toutes précautions pour assurer à ses clients une parfaite fidélité et transparence des informations qu'il rediffuse.

3-2-3- le Rediffuseur exerce sous sa seule et exclusive responsabilité les droits d'usage qui lui sont consentis.

Les droits conférés excluent les droits de vente ou de fourniture à titre gratuit d'un extrait ou de la totalité de la base de données objet de ce contrat.
Toutefois, Le Rediffuseur peut fournir à titre gratuit un échantillon de la base de données objet de ce contrat à un Utilisateur et ce dans le cadre d'essai, test ou spécimen. La taille de cet échantillon, les informations fournies et les critères de sélection seront définis au préalable par le Rediffuseur et validés par l'OMPIC.

Les droits conférés excluent les travaux réalisés par le Rediffuseur au profit d'un Client dans le cadre de rapprochement, d'identification ou de fourniture partielle ou totale de l'information. Tout travail réalisé dans ce cadre, devra faire l'objet d'un contrat de fourniture de base de données entre l'OMPIC et le Client.

ARTICLE 4 : Description du Contenu

La description de la base de données fournie par l'OMPIC est comme suit : Cette base est constituée d'enregistrements extraits à partir des états de synthèse centralisés par le registre central de commerce. Il s'agit des données **de l'Exercice : colonne Net** du bilan actif, du bilan passif, du compte des produits et charges et le cas échéant, l'état des soldes de gestion (cas du modèle normal) conformément à la norme comptable marocaine. Ces données sont identifiées pour chaque entreprise par le numéro de registre de commerce.

L'OMPIC dégage toute responsabilité quant à l'exactitude des données des états de synthèse déposés par les déclarants conformément à la réglementation en vigueur.

ARTICLE 5 : Anomalies

L'OMPIC signalera à l'acquéreur toute anomalie constatée au niveau des données fournies et procédera à la transmission à l'acquéreur des données corrigées, dans un délai ne dépassant pas quinze jours ouvrables.

Les anomalies constatées par l'acquéreur seront regroupées et transmises à l'OMPIC. L'OMPIC procédera à la transmission à l'acquéreur des données corrigées, dans un délai ne dépassant pas quinze jours ouvrables. Toutefois, les anomalies inhérentes aux états de synthèse centralisées par le RCC ne sont pas du ressort de l'OMPIC.

ARTICLE 6: Montant du Contrat

Le montant du présent contrat est arrêté à la somme de 180 000 DHS TTC annuellement, le paiement sera effectué au prorata de la fourniture des données par l'OMPIC à l'acquéreur. Ce montant est détaillé dans le bordereau des prix ci-après.

ARTICLE 7. CONTREPARTIE

En contrepartie du droit de rediffusion accordé par l'OMPIC au Rediffuseur, ce dernier versera à l'OMPIC une redevance calculée selon les règles définies dans la section 3.

Cette redevance ne sera exigible que dans le cas de vente par le Rediffuseur sur la base d'informations puisées directement dans la base de données objet de ce contrat.

L'usage de l'information pour les besoins propres du Rediffuseur est exonéré de toute redevance.

ARTICLE 8. COMPTABILITE - PAIEMENT

L'OMPIC et le Rediffuseur mettront en place un système de suivi des consultations à des fins de comptabilité.

Le Rediffuseur enverra chaque mois à l'OMPIC l'état des consultations accompagné de l'ordre de virement correspondant aux sommes dues en vertu des présentes.

ARTICLE 9: Modalités de paiement

Le paiement des prestations et des consultations, objet du présent contrat, sera effectué par virement bancaire sur le compte n° 41134 ouvert au nom de l'OMPIC à l'agence Trésorerie Régionale de Casablanca RIB : 310780100302400411340147 sur présentation de notes de débit au prorata des données fournies, par application des prix unitaires du bordereau des prix.

ARTICLE 10: Obligations du Rediffuseur

D'aucune manière, le Rediffuseur ne pourra susciter ou laisser créer une ambiguïté susceptible de faire naître une confusion avec le service du registre du commerce.

ARTICLE 11 : Variation des prix

Les prix des bases de données fournies par l'OMPIC sont fixés par décision du Conseil d'Administration de l'OMPIC. Tout changement dans ces prix sera répercuté sur le Montant du présent contrat et fera l'objet d'un avenant.
La contrepartie versée par le Rediffuseur à l'OMPIC pour chaque consultation est fixée par décision du Conseil d'Administration de l'OMPIC. Tout changement dans ces prix sera répercuté sur le Montant du présent contrat et fera l'objet d'un avenant.

ARTICLE 12 : Durée du Contrat

Le présent contrat est conclu pour une période d'une année à compter de la date de sa signature. A l'expiration de cette période, ce contrat se renouvelle par tacite reconduction, par période annuelle, sauf dénonciation par l'une des deux parties conformément à l'article 11 ci-dessus.

ARTICLE 13 : Modification du contrat

Toute modification aux clauses du présent contrat fera l'objet d'un avenant.

ARTICLE 14 : Résiliation

Les deux parties se réservent le droit de mettre fin au présent contrat moyennant un préavis de deux mois avant la déchéance de la période en cours par lettre recommandée avec accusé de réception.

ARTICLE 15 : Litiges

En cas de litige, qu'il soit relatif à l'interprétation ou l'exécution des présentes, et en l'absence de toute résolution amiable, compétence exclusive est attribuée au tribunal compétent de la ville de Casablanca.

2. Bordereau des prix et détail estimatif :

Désignation	Prix unitaire DH HT	Quantité	Montant DH
Base de données annuelle des informations financières	150 000	1	150 000
		Montant total HT	150 000
		TVA 20%	30 000
		Montant total DH TTC	180 000

Arrêté le présent bordereau des prix à la somme de cent quatre-vingt mille dirhams.

DATES - SIGNATURES - CACHETS

Pour
OMPIC

Pour

SIGNATURE

SIGNATURE

Nom et Qualité du Signataire

Nom et Qualité du Signataire

3. Tarification :

Redevance pour droit de rediffusion des informations (d'origines ou dérivées) :

Nombre de consultation par mois	Tarif HT pour l'exercice courant [1]
<= 1000	8 Dhs/consultation par exercice
[1001-5000]	6 Dhs/consultation par exercice
> 5000	4 Dhs/ consultation par exercice

(1) Pour le paiement des redevances, l'OMPIC accorde une réduction de 25% pour l'exercice N-1 (déterminé à partir de la date de la mise en vente de l'information financière) et une réduction de 50% pour les exercices précédents (N-2, N-3…).

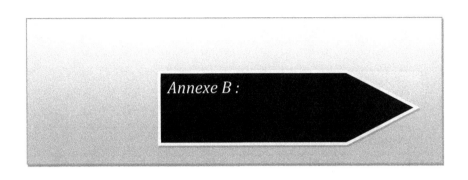

Annexe B :

Cette annexe traite du contrat d'abonnement aux services en ligne de l'OMPIC par Maroc-Télécommerce.

Table des matières :

1. Conditions générales :

Article 1 : OBJET DU CONTRAT

Le présent contrat a pour objet de définir les obligations et responsabilités existantes entre Maroc Télécommerce et l'abonné aux services offerts en ligne par L'office Marocaine de la Propriété Industrielle et Commerciale.

IL EST PRÉALABLEMENT EXPOSÉ :

Que L'OMPIC (Office Marocain de la Propriété Industrielle et Commerciale) a élargi ses canaux de fourniture de services en proposant ses derniers sur Internet et en déléguant la gestion des commandes et le paiement à Maroc Télécommerce.

Que la société MAROC TELECOMMERCE a pour objet d'assurer la sécurité et la célérité des transactions, la gestion des commandes effectuées, la gestion des comptes clients, le contrôle d'accès ainsi que l'interface de paiement des services commandés en ligne.

Que l'abonné souhaite commander en toute sécurité et confidentialité les services offerts en ligne par l'OMPIC.

CECI ETANT, IL A ETE CONVENU ET ARRETE CE QUI SUIT :

Article 2 : DEFINITIONS

Les termes suivants utilisés dans le présent contrat auront les sens définis ci-après à l'exclusion de tout autre :

MAROC TELECOMMERCE : est la société plus amplement désignée ci-dessus.
L'OMPIC : Administration fournissant des services en ligne et propriétaire des bases de données des informations fournies en ligne.
L'ABONNE: désigne le ou les clients qui désire(ent) commander les services offerts en ligne par l'OMPIC.

Article 3 : SERVICES DISPONIBLES

Les services disponibles sont des biens matériels (livrables) et/ou des biens immatériels (consommables en ligne) mis en vente sur le site de L'OMPIC à l'adresse www.ompic.ma ou www.directinfo.ma et dont le paiement est géré via la plateforme Maroc Télécommerce.

Article 4 : OBLIGATIONS DE L'ABONNE

L'utilisateur assume les frais d'installation et de connexion à Internet. Il lui appartient donc de prendre toutes les mesures nécessaires pour accéder aux informations, entre autres via une configuration informatique adaptée, et d'assurer sa protection contre toute intrusion ou contamination par d'éventuels virus.

L'abonné déclare avoir, pris connaissance des conditions d'utilisation des services publiés sur le site web de L'OMPIC, de la nature des services offerts ainsi que du type d'informations disponibles.

L'abonné accepte d'utiliser les informations commandées telle qu'elles sont et déclare être responsable civilement et pénalement des usages qu'il en fera.

Article 5 : OBLIGATIONS DE MAROC TELECOMMERCE

Maroc Télécommerce s'engage à apporter tout le soin en usage pour garantir le bon fonctionnement de son service.

L'abonné ou tout autre demandeur, ne pourra rendre Maroc Télécommerce responsable :

- Du mauvais fonctionnement des serveurs de L'OMPIC (site web, Base de données…) ;
- Des erreurs ou omissions sur les informations figurant dans la base de données de L'OMPIC ;
- Du mauvais fonctionnement des réseaux de télécommunication se situant en amont et en aval du système Internet de Maroc Télécommerce ;
- De l'intrusion d'un tiers dans le système informatique de l'abonné ;
- La responsabilité de Maroc Télécommerce ne pourra pas non plus être engagée en cas de force majeure.

Article 6 : IDENTIFICATION DE L'ABONNE

Maroc Télécommerce crée pour chaque abonné un compte sécurisé pour l'accès aux services en ligne. Elle garantit au client le caractère confidentiel de son code d'accès. L'abonné s'engage de son côté, à prendre toutes mesures nécessaires pour en préserver la confidentialité.

Article 7 : MODALITES DE PAIEMENT :

Le paiement des services en ligne s'effectue conformément aux modalités suivantes :

- Un versement d'une caution : l'abonné, doit verser à Maroc Télécommerce une caution en fonction de sa consommation prévisionnelle en services. Le montant minimum de la caution ne serait être inférieur à 2 000 Dirhams.

- Une facturation mensuelle : Les modalités de facturation et de règlement des sommes dues par le client à Maroc Télécommerce sont fixées comme suit :

* A la fin de chaque mois, Maroc Télécommerce édite un état à partir de sa plateforme, indiquant le nombre et le montant total des transactions effectuées par l'abonné. Cet état donnera lieu à une facturation conformément aux tarifs en vigueurs.

* L'abonné est tenu de régler sa facture dans un délai de 7 jours, dépassé ce délai, le montant de la facture sera déduit de la caution.

Article 8 : DUREE DU CONTRAT

A compter de sa signature, le présent contrat est conclu pour une durée d'une année renouvelable automatiquement par tacite reconduction sauf préavis contraire envoyé par l'abonné par lettre recommandée avec accusé de réception, dans un délai de trois mois avant la fin de la période en cours.

Article 9 : RESILIATION DU CONTRAT

L'abonné peut dénoncer le contrat qui le lie à Maroc Télécommerce en envoyant une lettre recommandée avec accusé de réception, 60 jours avant la date d'échéance du contrat.

Maroc Télécommerce peut résilier le contrat qui le lie à l'abonné en envoyant une lettre recommandée avec accusé de réception, 60 jours avant la date d'échéance du contrat.

Maroc Télécommerce peut suspendre immédiatement l'accès aux services et procéder à la résiliation dudit contrat dès lors qu'une utilisation frauduleuse de l'un des services est faite par l'abonné. Cette résiliation n'entraînera pas le remboursement du montant de la caution.

Article 10: ATTRIBUTION DE JURIDICTION ET LÉGISLATION APPLICABLE

Le présent contrat d'abonnement est soumis à la loi Marocaine.

Toutes les difficultés ou contestation auxquelles peut donner lieu son interprétation seront soumises après préalable réconciliation au tribunal de première instance de Casablanca.

2. Demande d'abonnement aux services en ligne de l'OMPIC :

Contrat d'abonnement Contrat de réabonnement

Raison Sociale :...
Adresse :...
Code Postal :....................Ville : ....Pays :....................
Représenté(e) par :...Fonction :......................
Téléphone :...Fax :....................................
E-mail :...

Choix de la caution à verser :

❏ 2 000DH ❏ 3 000DH
❏ 4 000DH ❏ 5 000DH
❏ Autre (à préciser)...........................

Je joins à ma demande mon règlement par :

☐ Chèque N° ...... (Au nom de Maroc Télécommerce) Banque:...............................

☐ Espèce

☐ Autres :..

Je déclare avoir pris connaissance des conditions générales du contrat d'abonnement aux services en ligne de l'OMPIC.

A ...., le	A ...., le
.... **Signature & cachet De Maroc Télécommerce S.A**	.... (en deux exemplaires originaux) **Signature & cachet De l'abonné**

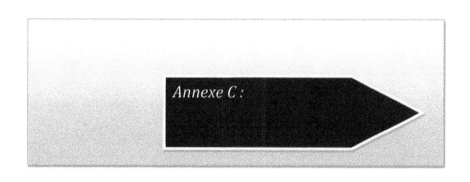

Annexe C :

Cette annexe donne la liste des nomenclatures adoptées dans l'actif, l'état de solde des gestions, le compte de produits et charges, et le passif, inspirés du plan comptable marocain.

Table des matières :

Liste des tableaux :

1. Actif :

Code	Libellé
Actif_A	Immobilisations en non-valeur
Actif_A1	Frais préliminaires
Actif_A2	Charges à répartir sur plusieurs exercices
Actif_A3	Primes de remboursement des obligations
Actif_B	Immobilisations incorporelles
Actif_B1	Immobilisation en recherche et développement
Actif_B2	Brevets, marques, droits et valeurs similaires
Actif_B3	Fonds commercial
Actif_B4	Autres immobilisations incorporelles
Actif_C	Immobilisations corporelles
Actif_C1	Terrains
Actif_C2	Constructions
Actif_C3	Installations techniques, matériel et outillage
Actif_C4	Matériel de transport
Actif_C5	Mobilier, matériel de bureau et aménagements divers
Actif_C6	Autres immobilisations corporelles
Actif_C7	Immobilisations corporelles en cours
Actif_D	Immobilisations financières
Actif_D1	Prêts immobilisés
Actif_D2	Autres créances financières
Actif_D3	Titres de participation
Actif_D4	Autres titres immobilisés
Actif_E	Ecarts de conversion - Actif
Actif_E1	Diminution des créances immobilisées
Actif_E2	Augmentation des dettes de financement
Actif_F	Stocks
Actif_F1	Marchandises
Actif_F2	Matières et fournitures consommables
Actif_F3	Produits en cours
Actif_F4	Produits intermédiaires et produits résiduels
Actif_F5	Produits finis
Actif_G	Créances de l'actif circulant
Actif_G1	Fournisseurs débiteurs, avances et acomptes
Actif_G2	Clients et comptes rattachés
Actif_G3	Personnel
Actif_G4	Etat
Actif_G5	Comptes d'associés
Actif_G6	Autres débiteurs
Actif_G7	Comptes de régularis. Actif
Actif_H	Titres et valeurs de placement
Actif_I	Ecarts de conversion - Actif (Eléments circulants)

Actif_tresor	Trésorerie Actif
Actif_tresor1	Chèques et valeurs à encaisser
Actif_tresor2	Banques, T.G. et C.C.P.
Actif_tresor3	Caisses, régies d'avances et accréditifs

Tableau.C.1 : Actif

2. Passif :

Code	Libellé
Passif_A2	Capital social ou personnel
Passif_A6	Primes d'émission, de fusion et d'apport
Passif_A7	Ecarts de réévaluation
Passif_A8	Réserve légale
Passif_A9	Autres réserves
Passif_A10	Report à nouveau
Passif_A11	Résultats nets en instance d'affectation
Passif_A12	Résultat net de l'exercice
Passif_A	Total des capitaux propres
Passif_B	Capitaux propres assimilés
Passif_B1	Subventions d'investissement
Passif_B2	Provisions réglementées
Passif_C	Dettes de financement
Passif_C1	Emprunts obligataires
Passif_C2	Autres dettes de financement
Passif_D	Provisions durables pour risques et charges
Passif_D1	Provisions pour risques
Passif_D2	Provisions pour charges
Passif_E	Ecarts de conversion - Passif
Passif_E1	Augmentation des créances immobilisées
Passif_E2	Diminution des dettes de financement
Passif_F	Dettes du passif circulant
Passif_F1	Fournisseurs et comptes rattachés
Passif_F2	Clients créditeurs, avances et acomptes
Passif_F3	Personnel
Passif_F4	Organismes sociaux
Passif_F5	Etat
Passif_F6	Comptes d'associés
Passif_F7	Autres créanciers
Passif_F8	Comptes de régularisation - Passif
Passif_G	Autres provisions pour risques et charges
Passif_H	Ecarts de conversion - Passif (Eléments circulants)
Passif_tresor	Trésorerie Passif
Passif_tresor1	Crédits d'escompte
Passif_tresor2	Crédits de trésorerie

Passif_tresor3	Banques (soldes créditeurs)

3. Compte de produits et charges :

Code	Libellé
CPC_I	Produits d'exploitation
CPC_I_1	Ventes de marchandises
CPC_I_2	Ventes de biens et services produits
CPC_I_3	Chiffres d'affaires
CPC_I_4	Variation des stocks de produits
CPC_I_5	Immobilisations produites par l'entreprise pour elle-même
CPC_I_6	Subventions d'exploitation
CPC_I_7	Autres produits d'exploitation
CPC_I_8	Reprises d'exploitation; transferts de charges
CPC_II	Charges d'exploitation
CPC_II_1	Achats revendus de marchandises
CPC_II_2	Achats consommés de matières et fournitures
CPC_II_3	Autres charges externes
CPC_II_4	Impôts et taxes
CPC_II_5	Charges de personnel
CPC_II_6	Autres charges d'exploitation
CPC_II_7	Dotations d'exploitation
CPC_III	Résultat d'exploitation
CPC_IV	Produits financiers
CPC_IV_1	Produits des titres de participation et autres titres immobilisés
CPC_IV_2	Gains de change
CPC_IV_3	Intérêts et autres produits financiers
CPC_IV_4	Reprises financières; transferts de charges
CPC_V	Charges financières
CPC_V_1	Charges d'intérêts
CPC_V_2	Pertes de change
CPC_V_3	Autres charges financières
CPC_V_4	Dotations financières
CPC_VI	Résultat financier
CPC_VII	Résultat courant
CPC_VIII	Produits non courants
CPC_VIII_1	Produits des cessions d'immobilisations
CPC_VIII_2	Subventions d'équilibre
CPC_VIII_3	Reprises sur subventions d'investissement
CPC_VIII_4	Autres produits non courants
CPC_VIII_5	Reprises non courantes; transferts de charges
CPC_IX	Charges non courantes
CPC_IX_1	Valeurs nettes d'amortissements des immobilisations cédées
CPC_IX_2	Subventions accordées

Code	Libellé
CPC_IX_3	Autres charges non courantes
CPC_IX_4	Dotations non courantes aux amortissements et aux provisions
CPC_X	Résultat non courant
CPC_XI	Résultat avant impôts
CPC_XII	Impôts sur les résultats
CPC_XIII	Résultat net

Tableau.C.3 : CPC

4. Etat de solde des gestions :

Code	Libellé
ESG_TFR1	Ventes de marchandises
ESG_TFR2	Achats revendus de marchandises
ESG_TFRI	Marge brute sur ventes en l'etat
ESG_TFRII	Production de l'exercice
ESG_TFR3	Ventes de biens et services produits
ESG_TFR4	Variation stocks de produits
ESG_TFR5	Immobilisations produites par l'entreprise pour elle-même
ESG_TFRIII	Consommation de l'exercice
ESG_TFR6	Achats consommés de matières et fournitures
ESG_TFR7	Autres charges externes
ESG_TFRIV	Valeur ajoutée
ESG_TFR8	Subventions d'exploitation
ESG_TFR9	Impôts et taxes
ESG_TFR10	Charges de personnel
ESG_TFRV	Excèdent brut d'exploitation(+) ou insuffisance brute d'exploitation(-)
ESG_TFR11	Autres produits d'exploitation
ESG_TFR12	Autres charges d'exploitation
ESG_TFR13	Reprises d'exploitation : transferts de charges
ESG_TFR14	Dotations d'exploitation
ESG_TFRVI	Résultat d'exploitation
ESG_TFRVII	Résultat financier
ESG_TFRVIII	Résultat courant
ESG_TFRIX	Résultat non courant
ESG_TFR15	Impôt sur les résultats
ESG_CAF1	Résultat net de l'exercice
ESG_CAF2	Dotations d'exploitation
ESG_CAF3	Dotations financières
ESG_CAF4	Dotations non courantes
ESG_CAF5	Reprises d'exploitation
ESG_CAF6	Reprises financières
ESG_CAF7	Reprises non courantes
ESG_CAF8	Produits des cessions d'immobilisations
ESG_CAF9	Valeurs nettes d'amortissements des immobilisations cédées
ESG_CAFI	Capacité d'auto-financement (C.A.F.)

ESG_CAF10	Distribution des bénéfices
ESG_CAFII	Auto-financement (A.F.)

Tableau.C.4 : ESG

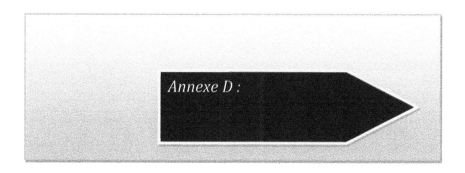

Annexe D :

Dans cette annexe, on présente la carte judiciaire du Maroc avec ses vingt et une régions, ainsi que les huit tribunaux de commerce que compte le royaume avec les régions qui sont inscrites dans leurs jurisprudences.

Liste des tableaux :

Carte judiciaire
du Maroc

Régions

1   -Tanger
2   -Tétouan
3   -Al Hoceima
4   -Nador
5   -Kenitra
6   -Fès
7   -Taza
8   -Oujda
9   -Rabat
10 -Casablanca
11 -Meknès
12 -El Jadida
13 -Settat
14 -Khouribga
15 -Béni Mellal
16 -Safi
17 -Marrakech
18 -Er-Rachidia
19 -Ouarzazate
20 -Agadir
21 -Laâyoune

Tribunal de commerce	Région
Tanger	1, 2
Rabat	5, 9
Oujda	4, 8
Meknès	11, 18
Marrakech	14, 15, 17, 19
Fès	3, 6, 7
Casablanca	10, 12, 13, 16
Agadir	20, 21

Tableau.D.1 : Correspondance entre les tribunaux de commerce et les régions judiciaires

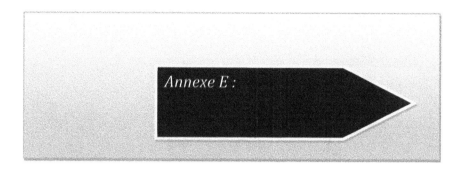

Annexe E :

Dans cette annexe on va présenter la méthode de sécurisation (en utilisant les cookies) implémentée dans le service web.

Cette méthode est d'autant plus intéressante qu'elle permet de rendre l'application compatible avec des clients Windows Form et Web.

Cette méthode de sécurisation de web service n'est évidemment pas la seule existante, mais elle est sûre.

Table des matières :

1. Déroulement global de l'opération :

① Identification de l'utilisateur (login, pwd).

② Un token contenant des informations sur l'utilisateur est stocké dans la variable de session et un cookie est envoyé au client.

③ Le client envoie ce cookie lors des appels aux services web.

2. Création de la classe Usertoken :

Cette classe permet de stocker toutes les informations nécessaires à la vérification de la validité de l'appel au service web. On ne vérifie qu'une seule chose : l'adresse IP qui ne peut pas changer entre deux appels.

Le code de la classe '**UserToken**' :

```
Public Class UserToken
Private _ip As String
Public Sub String Ip()
Public Function get() As String
Return _ip
End Function
End Sub
public Sub UserToken(ip As String)
this._ip = ip
End Sub
End class
```

3. Création de la classe SecurityManager

La classe **SecurityManager** contient deux méthodes statiques :

① · createUserToken

② · checkUserToken

La méthode CreateUserToken instancie un objet **UserToken** en se basant sur l'IP du client et le retourne :

```
Internal Static UserToken Function createUserToken() As UserToken
Dim utoken As New
UserToken(HttpContext.Current.Request.UserHostAddress);
Return utoken
End Function
```

Le code de la méthode qui permet de vérifier la validité de l'appel au service web:

```
Internal Static Sub checkUserToken(uToken As UserToken)
If uToken <> NULL Then
--Est ce que l'ip a changée ?
If HttpContext.Current.Request.UserHostAddress <> uToken.Ip Then
Throw new Exception("l'ip a changée !!!!")
End If
Else
Throw new Exception("Non autorisée !!!!")
End If
```

4. Identification de l'utilisateur :

Avant que l'utilisateur puisse faire appel à une méthode d'un service web, il doit être identifié.

On crée donc un service web d'identification :

```
<WebMethod(True)> _
Public Function Identify(login As String, pwd As String) As Boolean
--Vérification du login et pwd
accepte As Boolean = True;
--.... méthode permettant l'authentification (décryptage de pwd et
comparaison avec celui stocké dans la base de données, ainsi que le
login)
If accepte Then
utoken As New UserToken = SecurityManager.createUserToken()
        this.Session.Add("UserToken", utoken)
End If
    Return accepte
End Function
```

Dans ce cas l'identification est toujours acceptée.

Le paramètre 'true' dans l'attribut <WebMethod> _, est la propriété « EnableSession » de l'attribut 'WebMethod' qui permet d'accéder à la variable de session dans l'application.

Si la vérification du 'login' et 'pwd' à partir de la méthode d'authentification - pour laquelle on vérifie la correspondance entre le login et le mot de passe décrypté dans la base de données-, est acceptée on fait appel à la méthode **SecurityManager.createUserToken ()**.

5. Ecrire une méthode sécurisée :

La méthode non sécurisée XXX () implémentée au niveau du service web peut s'écrire comme suit :

```
<WebMethod()> _

Public Function  XXX(YYY As HHH, ZZZ As JJJJ) As SSS
Dim GGG As LLLL
…….
…….
Return GGG
End Function
```

```
Public Function  XXX(YYY As HHH, ZZZ As JJJJ) As SSS
Dim GGG As LLLL
…….
SecurityManager.checkUserToken(this.Session["UserToken"] As UserToken)
…….
Return GGG
End Function
```

Deux modifications ont été apportées : l'ajout de l'attribut EnableSession pour activer la variable de session et l'appel à la méthode SecurityManager.checkUserToken () en passant le token se trouvant dans la session pour sécuriser le reste des opérations.

6. Coté client :

Reste maintenant à décrire l'appel du client.

Dans un premier temps, il faut faire appel à un premier service web, celui qui va permettre l'identification.

Pour que la session soit conservée même dans le cas d'un appel depuis une application non-web, il faut la stocker dans un cookie. Pour cela on utilise un objet de type CookieContainer :

```
Dim cc As System.Net.CookieContainer
```

On crée la classe proxy pour le service web Iden :

```
Dim i As New Iden.Identification =
ConsoleApplication1.Iden.Identification()
```

On lui attache le CookieContainer :

```
i.CookieContainer = cc
```

Et ensuite on s'authentifie :

```
i.Identify("login", "pwd")
```

Si l'identification est acceptée l'objet cc contiendra un cookie permettant de lier les prochains appels à la session utilisateur du serveur web.

Enfin, on fait appel à la méthode XXX du service web:

```
Dim s As New Serv.Service1 = ConsoleApplication1.Serv.Service1()
s.CookieContainer = cc
Dim  x  As SSS = s.XXX(x, 3)
```

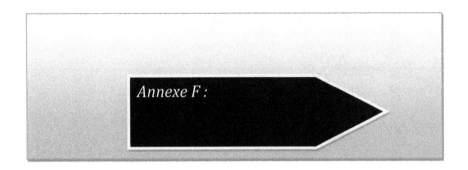

Annexe F :

Dans cette annexe on énumère les règles de gestion du diagramme de classes à
Itissal.

- ✓ Un client peut effectuer un ou plusieurs abonnements grâce à une carte prépayée d'abonnement

- ✓ Une carte prépayée concerne un seul abonné lors tous ses réabonnements

- ✓ Une carte d'abonnement est active dans une année d'abonnement

- ✓ Un abonnement concerne un ou plusieurs services

- ✓ A chaque service est attribué un certain nombre d'unités ; le total de ces unités désigne le plafond d'abonnement

- ✓ Le prix unitaire d'un service dépend du service, nombre de consultations et du client

- ✓ Un client peut effectuer plusieurs consultations

- ✓ Une consultation pourrait faire appel à un ou plusieurs états financiers (entreprise, exercice)

- ✓ Chaque entreprise dispose d'un bilan (actif, passif), ESG, CPC dans une année donnée

Annexe G :

Dans cette annexe on donne quelques détails techniques.

On commence par s'attarder sur l'architecture de développement dans l'application. On passe ensuite à la présentation de la procédure de gestion des expirations. Et au final, on donne un exemple de script de transformation utilisé dans la création du fait dans la partie décisionnelle.

Table des matières :

Liste des figures :

1. Architecture de développement dans l'application :

L'application de l'architecture 3-tier sur ce projet s'est faite comme suit :

① Présentation des données : se fait par un ensemble de feuilles développées sous ASP .NET;

Accueil.aspx

Figure.G.1 : Feuille Accueil

Pour ce qui est de la mise en forme, on a utilisé les feuilles de style.

② Traitement métier des données : pour chacune des feuilles de la présentation correspond un fichier développé en VB .NET;

Accueil.aspx.vb

Figure.G.2 : Métier Accueil

③ Accès aux données persistantes : l'accès aux données se fait par l'appel de méthodes de classes spécifiques à chacune des tables des bases de données préfixées par 'db_', et aussi par l'appel de méthodes dans la classe 'Accès' qui alimente un ensemble d'objets présents dans les feuilles.

App_Code
Accès.vb
db_Abonnement.vb
db_Carte.vb
db_Client.vb

Figure.G.3 : Accès aux données

En effet, les méthodes dans les classes des tables font appel à un ensemble de procédures stockées présentes au niveau des bases de données.

Programmabilité
Procédures stockées
dbo.Carte_DELETE
dbo.Carte_GetRecord
dbo.Carte_INSERT
dbo.Carte_UPDATE

Figure.G.4 : Procédures stockées

```
if exists (select * from dbo.sysobjects where id =
object_id(N'[dbo].[Exercice_INSERT]') and  OBJECTPROPERTY(id,
N'IsProcedure') = 1)
 drop procedure [dbo].[Exercice_INSERT]
 GO
/* ---------   PROCEDURE INSERT  --------------  */
CREATE PROCEDURE dbo.[Exercice_INSERT] @Annee    int AS
BEGIN
INSERT INTO [Exercice] (Annee) VALUES (@Annee)RETURN
@@IDENTITY
END

Go
if exists (select * from dbo.sysobjects where id =
object_id(N'[dbo].[Exercice_UPDATE]') and  OBJECTPROPERTY(id,
```

```
N'IsProcedure') = 1)
 drop procedure [dbo].[Exercice_UPDATE]
 GO
/* --------- PROCEDURE UPDATE --------------- */
CREATE PROCEDURE dbo.[Exercice_UPDATE] @Id_exercice
     int,@Annee    int AS BEGIN
UPDATE [Exercice] SET Annee = @Annee WHERE Id_exercice =
@Id_exercice
END

Go
if exists (select * from dbo.sysobjects where id =
object_id(N'[dbo].[Exercice_DELETE]') and  OBJECTPROPERTY(id,
N'IsProcedure') = 1)
 drop procedure [dbo].[Exercice_DELETE]
 GO
/* --------- PROCEDURE DELETE --------------- */
CREATE PROCEDURE dbo.[Exercice_DELETE] @Id_exercice    int AS
BEGIN
DELETE FROM [Exercice] WHERE Id_exercice = @Id_exercice
END

Go
if exists (select * from dbo.sysobjects where id =
object_id(N'[dbo].[Exercice_GetRecord]') and
OBJECTPROPERTY(id, N'IsProcedure') = 1)
 drop procedure [dbo].[Exercice_GetRecord]
 GO
/* --------- PROCEDURE GET_RECORD --------- */
CREATE PROCEDURE dbo.[Exercice_GetRecord] @Id_exerciceint AS
BEGIN
SELECT * FROM [Exercice] WHERE Id_exercice = @Id_exercice
END
Go
```

Figure.G.5 : Création des différentes procédures stockées de la table Exercice

```
Imports System.Data.SqlClient
Imports Microsoft.VisualBasic
Imports System.Data

#Region "Structure de la Table Exercice"
    Public Structure struct_Exercice
        Public Id_exercice As Int32
        Public Annee As Object
    End Structure
#End Region

Public NotInheritable Class  db_Exercice Private Shared sConn
As String
```

```vbnet
=System.Configuration.ConfigurationSettings.AppSettings("Conne
ctionString")
Private Sub New()
End Sub ' New


#Region "Fonction INSERT_Exercice"
Public Shared Function Insert_Exercice(ByVal oRecord As
Struct_Exercice) As Int64
Dim Parametres As SqlParameter() = { _
    New SqlParameter("@Id_exercice", SqlDbType.int), _
    New SqlParameter("@Annee", SqlDbType.int)}
With oRecord
    Parametres(1).Value = .Annee
    Parametres(0).Direction = ParameterDirection.ReturnValue
End With
SqlHelper.ExecuteNonQuery(sConn, CommandType.StoredProcedure,
"Exercice_INSERT", parametres)
Return Ctype(Parametres(0).Value,Int64)
End Function
#End Region


#Region "Procédure UPDATE_Exercice"
Public Shared Sub Update_Exercice(ByVal oRecord As
Struct_Exercice)
Dim Parametres As SqlParameter() = { _
    New SqlParameter("@Id_exercice", SqlDbType.int), _
    New SqlParameter("@Annee", SqlDbType.int)}
With oRecord
    Parametres(0).Value = .Id_exercice
    Parametres(1).Value = .Annee
End With
SqlHelper.ExecuteNonQuery(sConn, CommandType.StoredProcedure,
"Exercice_UPDATE", parametres)
End Sub
#End Region


#Region "Procédure DELETE_Exercice"
    Public Shared Sub Delete_Exercice(ByVal Cles As int64)
        Dim Parametres As SqlParameter() = { _
            New SqlParameter("@Id_exercice",
SqlDbType.BigInt) }
        Parametres(0).Value = Cles
        SqlHelper.ExecuteNonQuery(sConn,
CommandType.StoredProcedure, "Exercice_DELETE", parametres)
    End Sub
#End Region


#Region "Fonction GetRecord"
Public Shared Function GetRecord(ByVal Cles As Int64) As
Struct_Exercice
Dim oRecord As Struct_Exercice
```

```
Dim Parametres As SqlParameter() = { _
    New SqlParameter("@Id_exercice", SqlDbType.BigInt) }
Parametres(0).Value = Cles
Dim oReader As SqlDataReader = SqlHelper.ExecuteReader(sConn,
CommandType.StoredProcedure, "Exercice_GetRecord", parametres)
If oReader.Read() Then
    With oRecord
    .Id_exercice = Ctype(oReader("Id_exercice"),Int32)
    If IsDBNull(oReader("Annee")) Then
        .Annee = 0
    Else
        .Annee = Ctype(oReader("Annee"),Int32)
    End If
    End With
End If
oReader.Close()
Return oRecord
End Function
#End Region

#Region "Fonction GetTable"
Public Shared Function GetTable(ByVal sWhereCondition As
String) As DataTable
Dim sCh As String = "SELECT * FROM Exercice"
If sWhereCondition <> String.Empty Then
    sCh &= " WHERE " & sWhereCondition
End If
Return SqlHelper.ExecuteDataset(sConn, CommandType.Text,
sCh).Tables(0)
End Function
#End Region
End Class
```

Figure.G.6 : Classe db_Exercice.vb

2. Gestion des expirations des abonnements :

On a prévu un travail programmée au niveau de 'SQL Server Agent' [voir Glossaire] présent dans le moteur de base de données pour passer à une heure précise quotidiennement, afin de gérer l'expiration des abonnements. Ce travail exécute une procédure stockée qui fait passer l'état de la carte à 'E' (Expiré), ceci en comparant la date d'expiration avec la date système.

```
CREATE PROCEDURE [dbo].[Expiration_MAJ] AS
BEGIN
UPDATE [Carte] SET Etat_carte = 'E' WHERE (Id_carte = (select Id_carte
from abonnement where datediff(day,date_expiration,getdate())=0))
END
```

Figure.G.7 : Procédure stockée de gestion des expirations des abonnements

3. Script de transformation pour le calcul de ratio :

Le composant script de flux de données est là pour contenir des scripts de transformation ayant pour entrées ces champs récupérés et retourne comme sorties les mesures et les ratios désirés.

Exemple : Le ratio de liquidité de financement est calculé à partir des entrées suivantes : 'ActifF', 'ActifG', 'ActifH', 'ActifI', 'PassifF', PassifG, PassifH. La sortie est récupérée dans la variable Liquiditefinancement.

```
Public Overrides Sub Entrée0_ProcessInputRow(ByVal Row As Entrée0Buffer)

    If Not (Row.PassifF_IsNull or Row.PassifG_IsNull or
    Row.PassifH_IsNull ) Then
    Row.Liquiditefinancement = CStr((Row.ActifF + Row.ActifG +
    Row.ActifH + Row.ActifI) / (Row.PassifF + Row.PassifG +
    Row.PassifH))
    Else
    Row.Liquiditefinancement = CStr(0)
    End If
    End Sub
```

Figure.G.8 : Script composant « ratio de liquidité de financement »

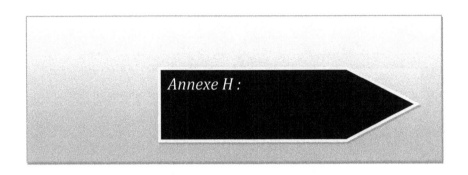

Annexe H :

Dans cette annexe on présente, les concepts fondamentaux des systèmes décisionnels.

Table des matières :

L'information accumulée dans les bases de données opérationnelles (exploitées pour la gestion quotidienne) est aussi utile pour une gestion plus « stratégique » de l'entreprise.

Le type de requêtes nécessaires requiert un traitement :

– lourd, et donc ayant un impact sur les performances de la base de données opérationnelle ;
– pas toujours aisément expressif en SQL ;
– et impliquant parfois des données se trouvant dans des BD distinctes.

Il est donc intéressant pour effectuer ce type de traitement de consolider les données dans une base de données spécifiquement conçue à cet effet : un entrepôt de données.

1. Concepts fondamentaux :

- Un **entrepôt de données ou Data Warehouse** est une vision centralisée et universelle de toutes les informations de l'entreprise. C'est une structure ayant pour but, contrairement aux bases de données, de regrouper les données de l'entreprise pour des fins analytiques et pour aider à la décision stratégique. **Le Data Warehouse** est un gigantesque tas d'informations épurées, organisées, historiées et provenant de plusieurs sources de données, servant aux analyses et à l'aide à la décision.

- Un **magasin de données** ou **Data Mart** est un ensemble de données ciblées, organisées, regroupées et agrégées pour répondre à un besoin spécifique à **un métier ou un domaine donné**. En général, un **Data Mart** est un **Data Warehouse** spécialisé dans un domaine plus précis que ce dernier.

Dans le cadre de notre projet, on a eu recours à concevoir un Data Mart pour mettre à la disposition des décideurs des données facilitant l'analyse des états financiers des entreprises.

- **Dimensions et Faits :** Dans le cadre des systèmes d'information classiques, on parle en termes de tables et de relations. Et bien en Business Intelligence, on parle en termes de Dimensions et de Faits.

On entend par **dimensions** les axes avec lesquels on veut faire l'analyse. **Une dimension est tout ce qu'on utilisera pour faire nos analyses.** Les **faits**, en complément aux dimensions, sont ce sur quoi va porter l'analyse. Ce sont des tables qui contiennent des informations opérationnelles et qui relatent la vie de l'entreprise.

- **Organisation des données d'un entrepôt :**

Les données d'un entrepôt sont organisées sous forme d'étoile ou flocon .C'est une façon de mettre en relation les dimensions et les faits dans un Data Warehouse. Dans une organisation en étoile, les tables de dimension sont dé-normalisées et n'ont pas de liens entre elles .Alors qu'elles sont normalisées dans une organisation en flocon. Le flocon est dérivé du schéma en étoile.

Pour définir les dimensions et les faits, il faudrait mener une étude approfondie des besoins, savoir ce que voient les décideurs avant de décider, connaître les indicateurs ...Un bon travail de conception va garantir un résultat fructueux.

2. Modes de stockage :

Le **Concept OLAP (*Online Analytical Processing)*** désignait à l'origine les bases de données multidimensionnelles appelées aussi cubes ou hypercubes, destinées à des analyses complexes sur des données. Ce concept a été appliqué à un modèle virtuel de représentation de données appelé cube ou hypercube OLAP qui peut être mis en œuvre de différentes façons.

Les cubes OLAP ont les caractéristiques suivantes :

- obtenir des informations déjà agrégées selon les besoins de l'utilisateur ;
- simplicité et rapidité d'accès ;
- capacité à manipuler les données agrégées selon différentes dimensions ;
- un cube utilise les fonctions classiques d'agrégation : min, max, count, sum, avg, mais peut utiliser des fonctions d'agrégations spécifiques.

Pour implémenter le concept OLAP, Il existe plusieurs déclinaisons permettant d'adapter le stockage des données sur différents types de base de données :

o **MOLAP (Multidimensionnel OLAP):** C'est une forme d'hypercube multidimensionnel qui permet de représenter les données sous la forme d'un croisement de n dimensions, ces dimensions pouvant être plus ou moins denses, caractérisant ainsi la densité du cube.

Exemples de moteurs MOLAP : Microsoft Analysis Services, Oracle OLAP...

o **ROLAP (Relationnel OLAP):** Comme son nom l'indique, il utilise le concept relationnel pour stocker des données modélisées dans le format multi dimensionnel. Les analyses (drill-down [voir glossaire], ajout de dimensions, etc.) sont transformées en requêtes SQL classiques qui sont exécutées sur les tables. R-OLAP utilise aussi la notion de tables d'agrégats, c'est-à-dire créer des tables contenant des données sommaires et les stocker en mémoire en cas d'utilisation.

> *Exemples de moteurs ROLAP :* Microsoft Analysis Services, Oracle 10g, MetaCube d'Informix...

o **HOLAP (Hybride OLAP):** est un Hybride entre le MOLAP et le ROLAP, La structure multidimensionnelle d'un hypercube est utilisée pour les données agrégées. Lorsque l'accès à un niveau de détail élémentaire plus fin est nécessaire, des tables relationnelles classiques sont utilisées.

> *Exemple de moteur HOLAP :* Oracle OLAP, Microsoft Analysis Services...

3. Processus de transfert des données vers les systèmes décisionnels :

Pour fonder une solution complète en Business Intelligence, il est essentiel de passer par trois étapes résumées dans l'acronyme ETL (Extraction, Transformation, Load ou chargement).

Ce processus ETL représente une opération de migration de données, qui consiste à la rendre facilement lisible et disponible. Il représente une part majeure des traitements et nécessite une attention régulière tout au long du cycle de vie du système, dans la mesure où il est garant de la qualité des données finale.

Les étapes de ce processus sont comme suit :

- **L'extraction des données :** consiste à acquérir des données éparses, lire sélectivement les données sources et donc de filtrer les données en lecture afin de n'extraire que l'information pertinente.

- **La transformation** : se fait en développant des codifications, résolvant des liens, changeant et uniformisant les différents formats de fichiers d'origine dans un format unique compatible avec le Data Warehouse ou le data mart. Cette phase a pour but de vérifier la cohérence de données par rapport aux données déjà existantes dans la base centrale.

- **Le chargement et le transfert de données :** est le mapping par correspondance, prend en compte la gestion du format final voulu des données. Pour la mise en œuvre du transfert de données, on distingue deux approches possibles :

- Le transfert de fichiers : l'ETL transporte les données du système source vers le système cible via un moteur ;

- Le transfert de base à base : Dans ce cas, les outils travaillent en mode connecté, d'une source de données à une cible. Les données sont extraites ensemble à la source, puis transférées à la cible en y appliquant éventuellement des transformations à la volée. Un seul processus, plus rapide, a ainsi l'avantage de pouvoir effectuer, sans rupture, les transferts et toutes les autres opérations d'alimentation.

Après avoir préparé le Data Mart, Il est temps de trouver une manière pour modéliser les résultats. La syntaxe MDX (Multidimensional Expressions) permet de lancer des requêtes sur des objets multidimensionnels, tels que des cubes, et de retourner des jeux de cellules multidimensionnels contenant les données du cube.

Une requête MDX, comportant l'instruction « SELECT » doit renfermer les informations suivantes :

- Le nombre d'axes ou d'ensembles de hiérarchies. On peut spécifier jusqu'à 128 axes dans une requête MDX.

- Les membres de chaque dimension à inclure sur chaque axe de la requête MDX.

- Le nom du cube qui définit le contexte de la requête MDX.

L'instruction SELECT MDX utilise les clauses suivantes :

- Une clause SELECT qui détermine les axes de requête d'une instruction SELECT MDX.

- Une clause FROM qui détermine quelle source de données multidimensionnelles doit être employée lors de l'extraction de données pour remplir l'ensemble de résultats de l'instruction SELECT MDX.

- Une clause WHERE qui, si elle est présente, détermine quelle dimension ou quel membre utiliser comme axe de secteur pour limiter l'extraction de données à une dimension ou à un membre spécifique.

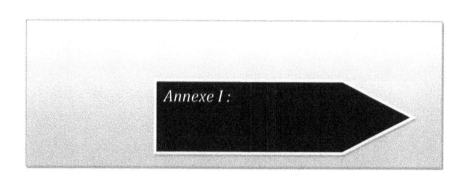

Annexe I :

Dans cette annexe, on donne la suite des diagrammes de séquence.

① Diagrammes de séquence du cas d'utilisation « s'abonner ou se réabonner » ;

② Diagramme de séquence du cas d'utilisation « s'authentifier ».

Table des matières :

Liste des figures :

1. Cas d'utilisation : S'abonner ou se réabonner :

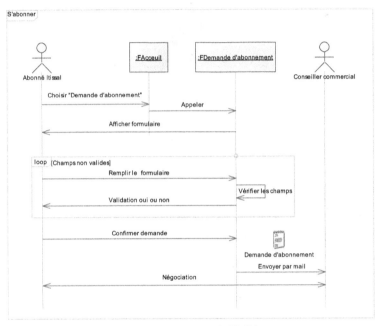

Figure.I.1 : Diagramme de séquence détaillé : S'abonner

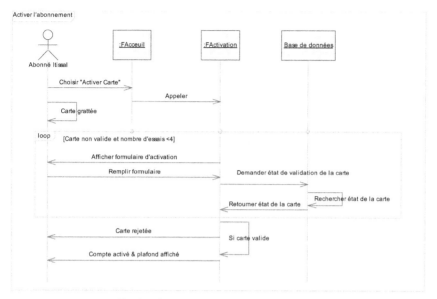

Figure.I.2 : Diagramme de séquence détaillé : Activer l'abonnement

Pour ce qui est du reste des scénarios de ce cas d'utilisation, à savoir « se réabonner » et « recharger le plafond des états financiers », leurs diagrammes de séquence sont quasi similaires à celui du scénario « S'abonner ».

La différence c'est que l'abonné au tout début soit choisi de se réabonner, soit choisi de recharger.

2. Cas d'utilisation : S'authentifier :

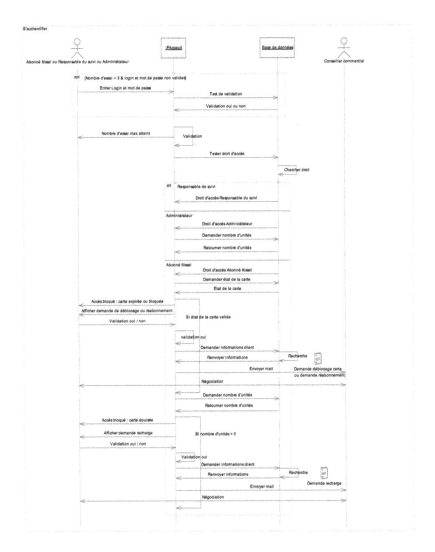

Figure.I.4 : Diagramme de séquence détaillé : S'authentifier

NB : l'authentification est augmentée par une option d'envoi de mail :

① Vers un compte Itissal, après validation du client en cas d'épuisement du solde, de blocage de l'accès suite à l'expiration de l'abonnement ou suite à un problème de paiement ;

② Vers un compte de l'abonnement en cas d'oubli du mot de passe.

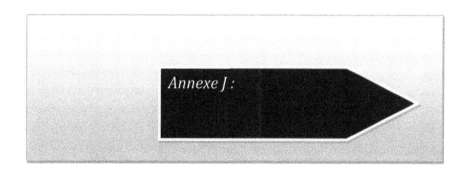

Annexe J :

Cette annexe est en guise d'un petit guide d'utilisation de l'application.

Table des matières :

1. Accueil :

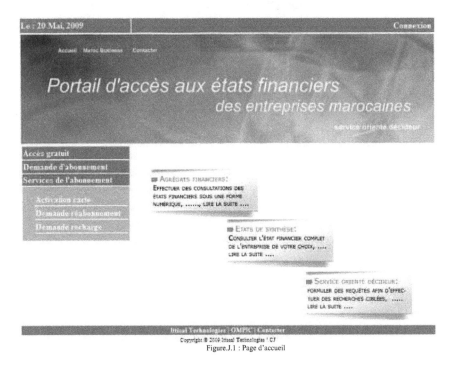

Figure.J.1 : Page d'accueil

C'est la page chargée au démarrage du portail, cette page contient un ensemble de liens :
- ↳ Un lien vers la connexion ;

- ↳ Les boutons au milieu renvoient vers les présentations des différents services des états financiers ;

- ↳ Dans la bannière réalisée avec Flash CS3 et la barre en bas de la page, il y'a un lien vers cette page d'accueil, un lien vers le portail « Maroc-business.com », et un lien pour contacter Itissal Technologie ;

Le menu quant à lui contient des liens vers différents formulaires, on prend comme exemple : la demande d'accès gratuit en ligne et l'activation du compte en ligne.

1.1.   Demande d'accès gratuit en ligne :

Cher client, nous recevrons votre demande d'accès gratuit par mail. Un conseiller commercial prendra contact avec vous, et vous expliquera la démarche à suivre pour consuter gratuitement nos différents services.

Inscription :

Raison Sociale :	*
Id facturation :	*
Représentée par :	
Fonction du representant :	
Adresse facturation :	
Code postal :	
Ville :	*
Pays :	
Tél 1 :	*
Tél 2 :	
Fax :	
Email :	*

* *Indique les champs obligatoires*

[Valider]   [Effacer]

Figure.J.2 : Demande d'accès gratuit en ligne

On a prévu un contrôle des champs dynamique, ainsi le client peut se corriger en remplissant le formulaire.

Le mail envoyé au conseiller commercial contient les informations fournies par le client, et comme objet 'demande d'accès gratuit'.

La demande d'abonnement, la demande de réabonnement, et la demande de recharge, ont pratiquement la même mise en forme et les informations à remplir dans le formulaire, seuls les noms et l'objet du mail envoyé au conseiller commercial diffèrent.

1.2.   Activation du compte en ligne :

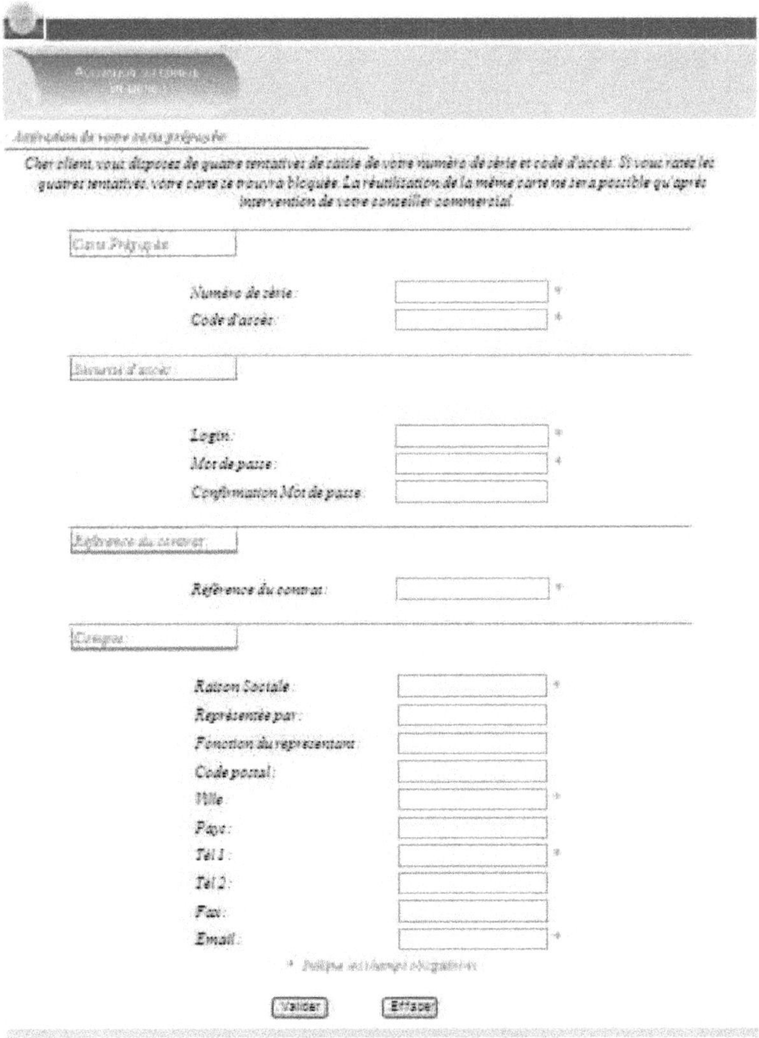

Figure.J.3 : Activation du compte en ligne

Ici aussi, on a prévu une vérification des champs dynamique.

Les informations de la carte sont validées à partir de la BD, et une fois le client valide, l'état de sa carte passe à « validé », et son compte ainsi que sont abonnement sont créés.

1.3. L'authentification :

Figure.J.4 : Authentification

L'authentification contient un ensemble d'options, expliqué dans le diagramme de séquence [voir Annexe].

2. Service état financier :

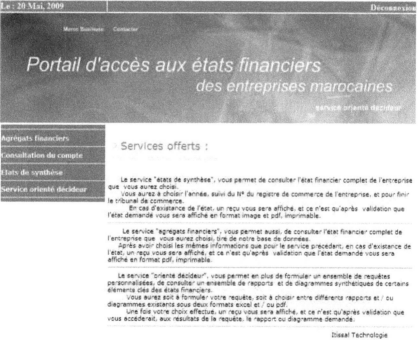

Figure.J.5 : Service état financier

La page ci-dessus se charge après authentification du client. Au cas où l'expiration du compte s'approche, un message d'alerte s'affiche.

Le menu contient un ensemble de liens vers les différents services offert : 'agrégats financiers' (service textuel), 'consultation du compte', 'états de synthèses' (service image), 'service orienté décideur' (service décisionnel).

Une fois le client choisit de consulter l'un des services financiers, un traitement en arrière-plan s'effectue pour savoir si son solde concernant ce service est suffisant, s'il ne l'est pas un message d'erreur est affiché.

2.1. Consultation du compte :

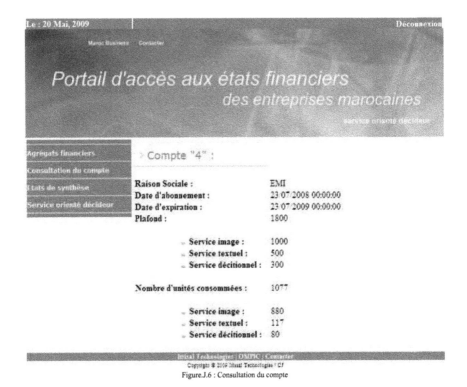

Figure.J.6 : Consultation du compte

Une fois le client choisit de consulter son compte, il voit s'afficher un ensemble d'informations.

2.2. Affichage d'un agrégat financier :

Figure.J.7 : Affichage d'un agrégat financier

Cet état s'affiche suite à la procédure décrite dans le paragraphe 4.2.2 du chapitre 4.
NB : les noms des sociétés et des comptes sont fictifs pour des raisons de confidentialité.

3. Service administration :

Après authentification de l'administrateur la page suivante se charge, avec un menu des différents services :

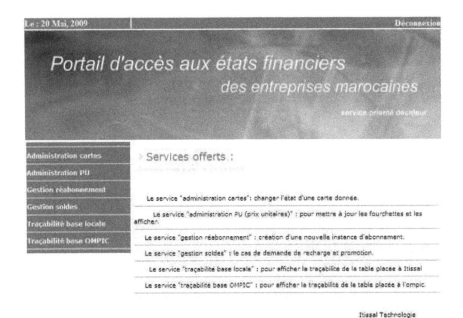

Figure.J.8 : Administration

3.1. Administration des cartes :

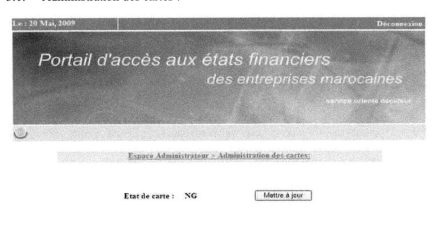

Figure.J.9 : Administration des cartes 1

Après que l'administrateur ait choisi la carte et acquiescé de la mise à jour de la carte la page suivante s'affiche :

Etat de carte :

Expirée
Valide
Non grattée
Nouvelle
Bloquée

Figure.J.10 : Administration des cartes 2

Après que l'administrateur ait cliqué sur le bouton rouge de mise à jour (passage de la carte de l'état 'NG' à 'NV'), le tableau de sélection initial se réaffiche :

		Id	Code d'activation	Numéro d'activation	Date d'activation	Etat de la carte	Type
Sélectionner	Modifier	1	12345	35647	12/01/2004 02:03:00	V	admin
Sélectionner	Modifier	2	23457	76574		NV	
Sélectionner	Modifier	3	43455	75750	14/07/2004 02:03:00	V	RepS
Sélectionner	Modifier	4	63658	58876	20/08/2004 02:03:00	V	1
Sélectionner	Modifier	5	99876	46467	19/12/2004 02:03:00	B	3
Sélectionner	Modifier	6	53567	57685	10/01/2004 02:03:00	V	2
Sélectionner	Modifier	7	62548	85876	28/02/2004 02:03:00	NV	4
Sélectionner	Modifier	8	34322	76469	28/06/2004 02:03:00	V	1
Sélectionner	Modifier	9	78678	76578	12/08/2008 05:00:00	V	1

Figure.J.11 : Administration des cartes 3

3.2. Administration des prix unitaires :

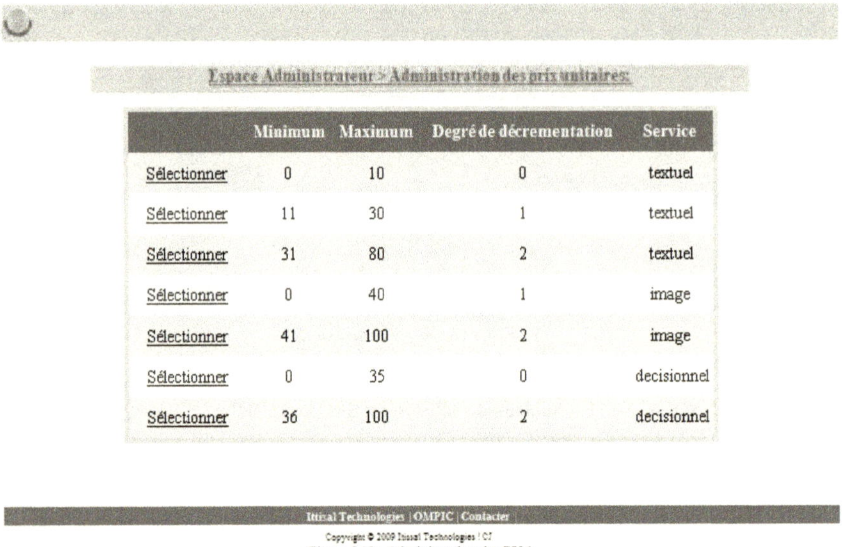

	Minimum	Maximum	Degré de décrementation	Service
Sélectionner	0	10	0	textuel
Sélectionner	11	30	1	textuel
Sélectionner	31	80	2	textuel
Sélectionner	0	40	1	image
Sélectionner	41	100	2	image
Sélectionner	0	35	0	decisionnel
Sélectionner	36	100	2	decisionnel

Ittisal Technologies | OMPIC | Contacter
Copyright © 2009 Ittisal Technologies / C7

Figure.J.12 : Administration des PU 1

L'administrateur sélectionne la tranche de fourchette voulue.

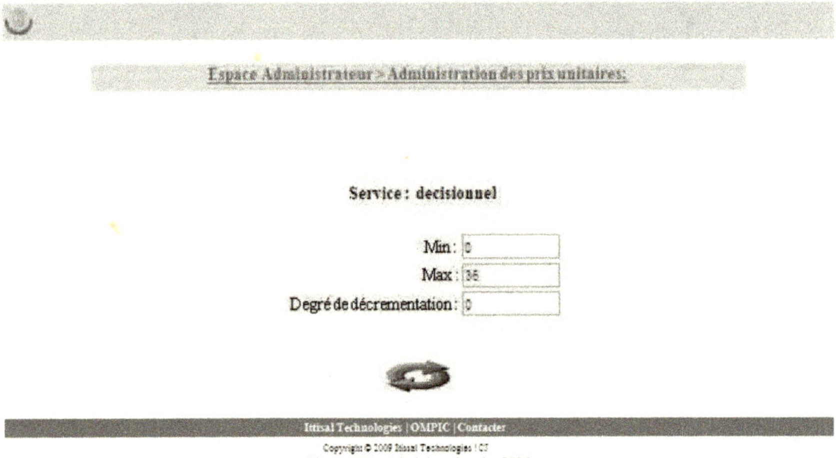

Service : decisionnel

Min : 0

Max : 36

Degré de décrementation : 0

Ittisal Technologies | OMPIC | Contacter
Copyright © 2009 Ittisal Technologies / C7

Figure.J.13 : Administration des PU 2

Il remplit les nouvelles valeurs, et toutes les tranches sont réaffichées.

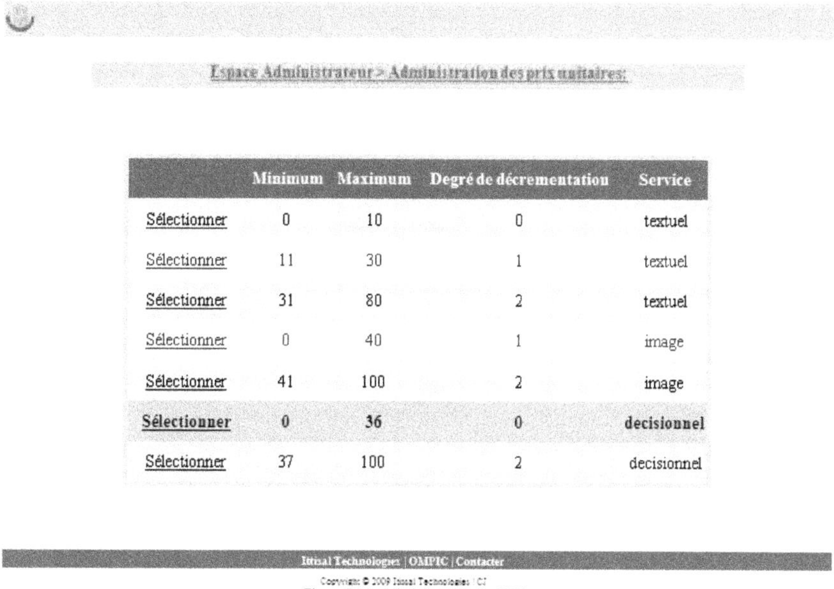

	Minimum	Maximum	Degré de décrementation	Service
Sélectionner	0	10	0	textuel
Sélectionner	11	30	1	textuel
Sélectionner	31	80	2	textuel
Sélectionner	0	40	1	image
Sélectionner	41	100	2	image
Sélectionner	0	36	0	decisionnel
Sélectionner	37	100	2	decisionnel

Ittisal Technologies | OMPIC | Contacter

Copyright © 2009 Ittisal Technologies. C!

Figure.J.14 : Administration des PU 3

3.3.   Gestion des réabonnements :

Veuillez entrer l'identifiant du client désirant se réabonner :

Id Client :

Ittisal Technologies | OMPIC | Contacter

Copyright © 2009 Ittisal Technologies C!

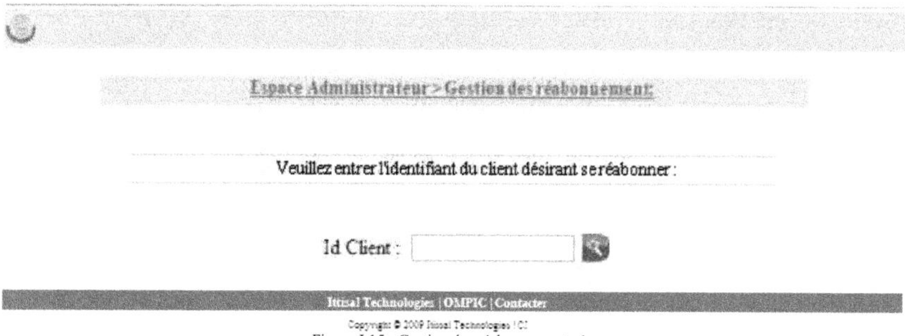

Figure.J.15 : Gestion des réabonnements 1

Une fois le client signe le contrat de réabonnement avec la société, ses informations sont communiquées à l'administrateur, qui se charge d'effectuer les changements qui s'en suivent.

Ainsi après que l'administrateur ait entré l'identifiant du client.

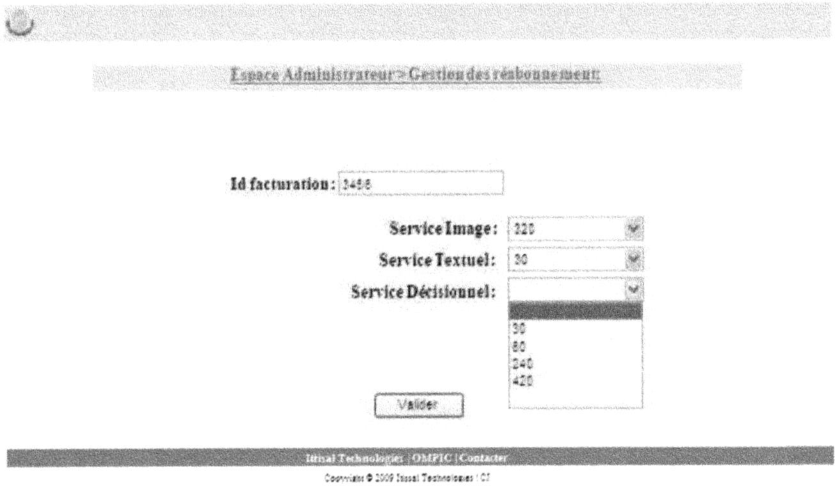

Id facturation : 3456

Service Image : 220

Service Textuel : 30

Service Décisionnel :

30
60
240
420

Valider

Ittisal Technologies | OMPIC | Contacter
Copyright © 2009 Issal Technologies | C7

Figure.J.16 : Gestion des réabonnements 2

Il entre les nouvelles informations relatives au réabonnement du client.

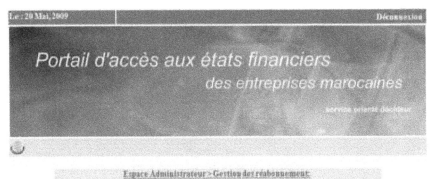

Le : 20 Mai, 2009   Déconnexion

Portail d'accès aux états financiers
des entreprises marocaines
service orienté décideur

Montant payé :   590   Dhs

Abonné enregistré

Ittisal Technologies | OMPIC | Contacter
Copyright © 2009 Issal Technologies | C7

Figure.J.17 : Gestion des réabonnements 3

3.4.   Gestion des soldes :

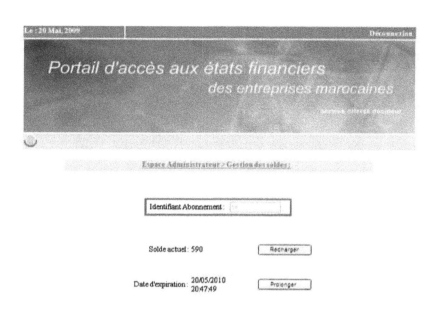

Portail d'accès aux états financiers
des entreprises marocaines

Espace Administrateur > Gestion des soldes :

Identifiant Abonnement :

Solde actuel : 590　　　　　　　[Recharger]

Date d'expiration : 20/05/2010 20:47:49　　　[Prolonger]

Figure.J.18 : Gestion des soldes 1

Dans ce service l'administrateur peut effectuer les mises à jour relatives à une recharge, ou à un prolongement, pour un client donné après avoir entré l'identifiant de son abonnement.

Date d'expiration : 20/05/2010 20:47:49

Nombre de jours :

[Valider]

Figure.J.19 : Gestion des soldes 2

Solde actuel : 590

Nombre d'unités :
Service Image : 245
Service Textuel :
Service Décisionnel : 557

[Valider]

Figure.J.20 : Gestion des soldes 3

Portail d'accès aux états financiers
des entreprises marocaines
service orienté décideur

Espace Administrateur > Gestion des soldes :

Identifiant Abonnement :

Solde actuel : 1592   Recharger

Date d'expiration : 22/05/2010 20:47:49   Prolonger

Ittisal Technologies | OMPIC | Contacter
Copyright © 2009 Ittisal Technologies | CI

Figure.J.21 : Gestion des soldes 4

3.5. Gestion de la traçabilité :

Elle se fait comme décrit dans le paragraphe 4.2.3 du chapitre 4, seules quelques informations affichées diffèrent, à savoir le responsable suivi ne suit pas le service décisionnel.